해커스군무원

혜원국어

FINAL 봉투모의고사

약점 보완 해설집

해커스군무원

제1회 실전모의고사

01	02	03	04	05
②	②	③	①	①
06	07	08	09	10
④	④	④	②	④
11	12	13	14	15
④	③	③	①	①
16	17	18	19	20
③	④	③	①	③
21	22	23	24	25
③	③	②	③	③

01

정답 ②

제시된 글에서는 유명 음악가 '바흐'와 '모차르트'에 대해 알려진 이야기와 다른 실제 그들의 이야기를 설명하고 있다. 따라서 제시된 글의 제목으로는 ②의 '미화된 음악가들의 삶과 그 진실'이 가장 적절하다.

오답 풀이

① 알려진 이야기와 실상은 달랐다는 내용이므로, 제목으로 '음악가들의 쓸쓸한 최후'는 적절하지 않다.

③ '낭설(浪說)'은 '터무니없는 헛소문'이다. 그들이 헛소문으로 괴로워했다는 내용은 제시되어 있지 않다.

④ '모차르트'가 알려진 것만큼 수입이 적지 않았다고 한 것을 보아, 그들의 이름에 가려진 '빈곤한 생활'을 다루었다고 보기는 어렵다. 따라서 제목으로 적절하지 않다.

02

정답 ②

지리적으로 멀리 있는 지역의 방언들에서 유사한 점이 발견된다면 어느 한 집단이 그 지역을 떠나 다른 지역으로 이동했을 것으로 추측해 볼 수 있다. 따라서 ㉠에는 ②의 내용이 들어가는 것이 가장 적절하다.

오답 풀이

① 과거에는 모든 대륙이 하나였다면, 모든 언어에 유사성이 나타나야 한다. 따라서 ㉠에는 어울리지 않는 내용이다.

③, ④ 제시된 글의 내용과 전혀 관련이 없는 내용이다.

03

정답 ③

出演 → 出現: '출연(出演: 날 출, 멀리 흐를 연)'은 '연기, 공연, 연설 따위를 하기 위하여 무대나 연단에 나감.'이라는 뜻이다. 문맥상 목격자가 나타났다는 의미의 한자가 와야하므로 '나타나거나 또는 나타나서 보임.'의 뜻을 가진 '출현(出現: 날 출, 나타날 현)'을 써야 한다.

오답 풀이

① 야기(惹起: 이끌 야, 일어날 기): 일이나 사건 따위를 끌어 일으킴.

② 순연(順延: 순할 순, 끌 연): 차례로 기일을 늦춤.

④ 윤색(潤色: 윤택할 윤, 빛 색): 1) 윤이 나도록 매만져 곱게 함. ≒윤식 2) 사실을 과장하거나 미화함을 비유적으로 이르는 말.

04

정답 ①

일이나마저 → 일이나∨마저: '마저'가 체언 뒤에 붙어 이미 어떤 것이 포함되고 그 위에 더함의 뜻을 나타낼 때는 조사로 앞말에 붙여 쓰고, '남김없이 모두'의 의미일 때는 부사로 앞말과 띄어 쓴다. 제시된 문장에서 '마저'는 부사이므로 '일이나'와 띄어 써야 한다.

오답 풀이

② '먹여(먹이다)'는 본용언이고 '주었다(주다)'는 보조 용언이다. 본용언과 보조 용언은 띄어 쓰는 것이 원칙이기 때문에 '먹여'와 '주었다'를 띄어 쓴 것은 옳다. 다만 '먹여'가 파생어(복합어)이나 2음절이므로 뒤의 보조 용언과 붙여 쓸 수 있다.

③ '건'은 '것은'이 줄어든 말로, '것'은 의존 명사이므로 용언 '온'과 띄어 쓴 것은 옳다. '이다'는 서술격 조사로, 체언과 조사는 붙여 써야 하므로 '먼저'와 '이다'를 붙여 쓴 것은 옳다.

④ '씨'는 그 사람을 높이거나 대접하여 부르거나 이르는 의존 명사이다. 따라서 이름인 '김일'과 띄어 쓴 것은 옳다.

※ '박씨 부인'과 같이 '-씨'가 '그 성씨 자체', '그 성씨의 가문이나 문중'의 뜻을 더하는 접미사일 때에는 앞말에 붙여 쓴다.

05

정답 ①

㉠ '되레'는 '예상이나 기대 또는 일반적인 생각과는 반대되거나 다르게.'를 뜻하는 '도리어'의 준말로 올바른 표현이다.

㉢ '후텁지근하다'는 '조금 불쾌할 정도로 끈끈하고 무더운 기운이 있다.'를 뜻하는 어휘로 올바른 표현이다.

오답 풀이

㉡ 헤매이던 → 헤매던: 의미상 불필요한 사동 접사 '-이-'를 사용한 경우이다(과도한 사동 표현).

㉣ 뒤어내고 → 뒤져내고: '샅샅이 뒤져서 들춰내거나 찾아내다.'를 뜻하는 어휘는 '뒤져내다'이다.

06

정답 ④

'되다'는 '주어'와 '보어' 또는 '필수적 부사어'가 있어야 완벽한 문장이 되는 두 자리 서술어이다. 즉 '되다'가 완벽한 문장이 되기 위해서는 최소한 '주어가 보어가 되다.' 또는 '주어가 부사어로 되다.'의 꼴이 되어야 한다. 따라서 '물거품이'가 '물거품으로'로 바뀌더라도 '되다'는 그대로 두 자리 서술어이다.

※ 바뀌는 것이 있다면 보어 '물거품이'가 부사어 '물거품으로'로 바뀐 것이다.

오답 풀이

① '꿈이'는 '되다'의 주체 역할을 하는 주어이다.

② 문장에서 생략해도 어법상 문제가 없는 성분을 '수의적 성분'이라 하는데 관형어와 부사어가 여기에 속한다. '나의'는 '꿈'을 수식하는 역할을 하는 관형어이다. 따라서 생략해도 어법상 문제가 없다는 설명은 옳다.

※ '부사어'도 수의적 성분이다. 그러나 '필수적 부사어'의 경우 생략하면 어법상 문제가 발생한다.

③ 서술어 자릿수를 결정하는 것은 '서술어'이다. '꿈'을 수식하기 위해 관형어 '많은'을 넣더라도, 서술어는 '되다'로 그대로이다. 따라서 관형어를 넣든 안 넣든 상관없이 서술어 자릿수는 그대로 두 자리이다.

07

정답 ④

㉠ '억제(抑制: 누를 억, 억제할 제)'는 '감정이나 욕망, 충동적 행동 따위를 내리눌러서 그치게 함.', '정도나 한도를 넘어서 나아가려는 것을 억눌러 그치게 함.'이라는 의미이다. 한편, '통제(統制: 거느릴 통, 억제할 제)'는 '일정한 방침이나 목적에 따라 행위를 제한하거나 제약함.', '권력으로 언론 · 경제 활동 따위에 제한을 가하는 일'이라는 의미이다. 문맥상 교육은 목적을 달성하기 위해 행동을 '제약'하는 것이지, 무조건 '못하게 하는 것'이 아니다. 따라서 ㉠에는 '통제(統制)'가 들어가는 것이 적절하다.

㉡ '지양(止揚: 그칠 지, 오를 양)'은 '더 높은 단계로 오르기 위하여 어떠한 것을 하지 아니함.'이라는 의미이고, '지향(志向: 뜻 지, 향할 향)'은 '어떤 목표로 뜻이 쏠리어 향함.'이라는 의미이다. 문맥상 사회적 통합을 '바람직한 방향으로 나아가는' 태도를 길러 준다는 의미이다. 따라서 ㉡에는 '지향(志向)'이 들어가는 것이 적절하다.

08

정답 ④

㉠의 '들다'와 ④의 '들다'는 모두 '(병이, 잡념이) 생기다'라는 의미를 공유하고 있다. 이를 볼 때, 둘은 '동음이의 관계'가 아니라 '다의 관계'이다.

오답 풀이

① '먹다'의 높임말로, ㉠과 의미적 관련성이 없다. 따라서 동음이의 관계이다.

② '날이 날카로워 물건이 잘 베어지다.'라는 의미로, ㉠과 의미적 관련성이 없다. 따라서 동음이의 관계이다.

③ '흐르던 땀이 그치다.'라는 의미로, ㉠과 의미적 관련성이 없다. 따라서 동음이의 관계이다.

09

정답 ②

<보기>에서 외래어 표기가 옳은 것은 '싱가포르, 캐러멜, 배터리, 콘텐츠, 바비큐'로 그 개수는 5개이다.

오답 풀이

- 드라이크리닝 → 드라이클리닝
- 코메디 → 코미디
- 메카니즘 → 메커니즘

10

정답 ④

견문발검(見蚊拔劍: 볼 견, 모기 문, 뺄 발, 칼 검): 모기를 보고 칼을 뺀다는 뜻으로, 사소한 일에 크게 성내어 덤빔을 이르는 말.

※ '남의 학식이나 재주가 놀랄 만큼 부쩍 늚.'을 이르는 말은 '괄목상대(刮目相對: 비빌 괄, 눈 목, 서로 상, 대답할 대)'이다.

오답 풀이

① 침소봉대(針小棒大: 바늘 침, 작을 소, 몽둥이 봉, 큰 대): 작은 바늘을 큰 몽둥이라고 한다는 뜻으로, 작은 일을 크게 부풀려서 말함을 비유적으로 이르는 말.

② 득롱망촉(得隴望蜀: 얻을 득, 고개 이름 롱(농), 바랄 망, 나라 이름 촉): 농(隴)을 얻고서 촉(蜀)까지 취하고자 한다는 뜻으로, 만족할 줄을 모르고 계속 욕심을 부리는 경우를 비유적으로 이르는 말.

③ 지록위마(指鹿爲馬: 가리킬 지, 사슴 록(녹), 할 위, 말 마): 1) 윗사람을 농락하여 권세를 마음대로 함을 이르는 말. 2) 모순된 것을 끝까지 우겨서 남을 속이려는 짓을 비유적으로 이르는 말.

11

정답 ④

'선취(先取: 먼저 선, 취할 취)하다'는 '남보다 먼저 가지다.'라는 뜻을 가진 말이다. 즉 단어 자체에 '먼저'라는 의미가 포함되어 있기 때문에 굳이 부사 '먼저'를 쓸 필요가 없다. 그러므로 'A'가 범한 오류는 동일한 의미를 가진 말의 중복 사용이다. 이와 동일한 오류를 범한 것은 ④이다. '후진(後進: 뒤 후, 나아갈 진)하다'는 '뒤쪽으로 나아가다.'라는 뜻을 가진 말이다. 즉 단어 자체에 '뒤로'라는 의미가 포함되어 있기 때문에 굳이 부사어 '뒤로'를 쓸 필요가 없는데 쓴 경우이다.

오답 풀이

① '사과'는 동음이의어이다. 문맥에 따라 과일 '사과'의 의미와 '자기의 잘못을 인정하고 용서를 빎'의 뜻을 가진 '사과(謝過: 사례할 사, 지날 과)'로 해석될 수 있다.

② 계시겠습니다 → 있으시겠습니다: 간접 높임에는 '있으시다'밖에 쓸 수 없다.

③ '생김새가 고양이 같다.'는 의미와 '성격이 고양이 같이 도도하다.'는 의미로 해석될 수 있다. 비유적 표현을 사용하여 중의적인 문장이 되었다.

12

정답 ③

(나)에서 숲 가꾸기의 방법을 낙엽을 긁어내는 것, 낮은 위치의 나뭇가지를 쳐내는 것, 생장이 나쁜 나무를 솎아 내어 큰 나무 사이의 간격을 넓히는 것으로 나열하여 제시하고 있다.

오답 풀이

① (가)에서 수관화의 개념을 사물에 빗대어 설명하고 있지 않다.

② (가)에서 인위적 요인과 자연적 요인으로 나누어 산불의 발생 원인을 제시하고 있다. 하지만 통념을 반박하는 방식으로 산불의 발생 원인을 제시하고 있지는 않다.

④ (나)에서 산불 확산을 해결하는 방안으로 숲 가꾸기와 내화 수림대 조성을 제시하고 있다. 하지만 대비의 방식으로 산불 확산을 해결하는 여러 방안의 장단점을 분석하고 있지는 않다.

13

정답 ③

이성선의 <별을 보며>에는 가난한 처지로 인해 심적 갈등을 겪는 시적 화자가 의인화된 '별'로부터 위안을 얻고 있는 모습이 나타나 있다. 이는 친근감을 넘어서 경외감으로까지 발전하여 순결한 삶을 추구하는 태도로 나아가고 있다. 따라서 내적 갈등을 겪지 않는 의연함을 보인다는 설명은 적절하지 않다.

14

정답 ①

제시문에서 '별'은 절망적 현실 속에서도 희망을 전하는 매개체이다. ①의 '푸른 별' 역시 뼈에 저리도록 슬픈 생활 속에서 희망을 주는 존재로서 시적 화자의 경외감이 표현되어 있다.

오답 풀이

② 시련을 겪고 있는 시적 화자의 모습이 나타나 있다.

③ 이상적인 공간을 나타내고 있다.

④ 어둠, 또는 밤을 상징한다.

작품 정리

이성선, <별을 보며>

주제	속되고 고달픈 세상을 견뎌 내려는 의지
특징	영탄과 탄식의 어조로 화자의 안타깝고 간절한 마음을 드러냄.

15 정답 ①

관용어 '손을 나누다'는 '서로 헤어지다.', '한 가지 일을 여럿이 나누어 하다.'라는 의미이다. 따라서 집에 방문한 손님을 반기는 상황에 어울리지 않는 말이다.

오답 풀이

② '손을 거치다'는 '어떤 사람을 경유하다.', '어떤 사람의 노력으로 손질되다.'라는 의미이다.

③ '손이 떨어지다'는 '일이 끝나다.'라는 의미이다.

④ '손을 놓다'는 '하던 일을 그만두거나 잠시 멈추다.'라는 의미이다.

16 정답 ③

'이질(異質: 다를 이, 바탕 질)적인'은 '성질이 다른'을 의미한다. '민간 풍습으로 계속 이어졌다.'와 '금지하였지만 대다수의 농민들은 자신들의 생활 풍습을 지키려고 노력하였다.'를 고려할 때, '절로 생겨난'의 의미를 가진 '자생(自生: 스스로 자, 날 생)적인'이 들어가는 것이 더 자연스럽다.

오답 풀이

① '상무(尙武: 오히려 상, 무예 무)'는 '무예를 중히 여겨 높이 받듦.'이라는 의미이다. 돌팔매 놀이를 자주 거행했다는 내용을 볼 때, '상무'가 들어가기에 적절하다.

② 사상자가 계속해서 많이 생겨서 국법으로 금지했다는 내용이다. 따라서 '잇따라 나옴'을 의미하는 '속출(續出: 이을 속, 날 출)'이 들어가기에 적절하다.

④ '마을 축제'에서 '장례'를 도와주는 기능으로 바뀌었다는 의미이다. 따라서 '다른 방향이나 상태로 바뀌거나 바꿈.'을 의미하는 '전환(轉換: 구를 전, 바꿀 환)'이 들어가기에 적절하다.

17 정답 ④

'이튿날'은 어근 '이틀'과 '날'의 합성어로, 결합 과정에서 '이틀'의 'ㄹ'이 'ㄷ'으로 소리 나면서 'ㄷ'으로 표기하는 호전 현상이 나타난 경우이다. 따라서 ㉣의 예로 적절하다.

오답 풀이

① ㉠은 '대등(=병렬) 합성어'에 대한 설명이다. '손발'이 손과 발을 아울러 이르는 말일 때에는 대등 합성어가 맞지만, ①에서는 '손'과 '발'이 합쳐져 자기의 손이나 발처럼 마음대로 부리는 사람을 비유적으로 이르는 말로 쓰이고 있다. 따라서 ①의 '손발'은 ㉠ 대등 합성어가 아니라 ㉢ 융합 합성어의 예이다.
※ 대등 합성어로 쓰인 '손발'
예 • 날씨가 추워 손발이 시리다.
• 군인들이 손발을 착착 맞춰 행진한다.

② ㉡은 '종속 합성어'에 대한 설명이다. 그런데 '검푸르다(검푸른)'는 '검은빛을 띠면서 푸르다.'라는 의미이다. 따라서 ㉡ 종속 합성어가 아니라 ㉠ 대등 합성어의 예이다.

③ ㉢은 '융합 합성어'에 대한 설명이다. '춘추(春秋)'는 '해[年]'를 문어적으로 이를 때나 '어른의 나이'를 높여 이르는 말일 때에는 융합 합성어가 맞지만, ③에서는 '봄과 가을'을 아울러 이르는 말로 쓰이고 있다. 따라서 ③의 '춘추'는 ㉢ 융합 합성어가 아니라 ㉠ 대등 합성어의 예이다.
※ 융합 합성어로 쓰인 '춘추'
예 • 그는 여러 춘추를 낯선 땅에서 보냈다.
• 아버님께 춘추가 어떻게 되시는지 여쭈어보았다.

18 정답 ③

1단계	(가)에 '11세기', (다)에 '1862년', (라)에 '20세기 이후'라는 시간이 제시되어 있다. 시간의 흐름에 따라 배열하는 것이 일반적이기 때문에 (가) 뒤에 (다), 그 뒤에 (라)를 배열하는 것이 자연스럽다.
2단계	(나)의 '당시'에 자신들만의 규칙과 방법이 있다고 하였기 때문에 (다) 뒤에 (나)가 이어지는 것이 자연스럽다.

따라서 제시된 글은 '(가) - (다) - (나) - (라)'의 순서로 배열하는 것이 가장 자연스럽다.

19 정답 ①

(가)는 망해 가는 고려 왕조에 대한 우국의 심정을, (나)는 병자호란 이후 청나라에 볼모로 끌려가는 데에 대한 안타까움을 각각 종장 끝부분에서 영탄의 어조로 표현하고 있다.

오답 풀이

② (나)의 초장에만 대구(문장 구조의 짝)의 방식이 활용되었다. (가)에는 대구의 방식이 쓰이지 않았다.

③ (가)의 '백설', '매화' 등의 시어에서 계절감을 확인할 수 있다. 그러나 (나)에는 계절감이 드러나는 시어가 없다.

④ (나)에서 자연물인 '삼각산'과 '한강수'에게 말을 건네는 방식을 취하고 있다는 점에서, '의인법'이 나타난다. 또 이를 통해 고국을 떠나는 화자의 안타까운 정서를 효과적으로 전달하고 있다. 다만, (가)에서는 대상을 의인화하는 '의인법'이 쓰이지 않았다.

현대어 풀이

(가) 백설(白雪)이 사라진 골에 구름이 험하구나.
반가운 매화(梅花)는 어느 곳에 피었는가.
석양(夕陽)에 홀로 서 있어 갈 곳 몰라 하노라.
(나) (나는) 떠나는구나, 삼각산(북한산)이여, (언제 돌아올지 모르지만 그때) 다시 보자, 한강물아!
(그 누가) 고국 산천을 떠나고 싶겠는가마는
시절이 매우(하도) 뒤숭숭하니 다시 올 수 있을지 모르겠구나.

20 정답 ③

제시된 글에 디즈니 영화가, 자본주의 경쟁 구조가 낳는 폐해를 옹호한다는 점에서 폭력성의 원천이 될 수 있다고 했을 뿐 일본 영화보다 선정적이라는 내용은 언급하지 않았다.

오답 풀이

① 1문단의 "청소년들과 성인들에게 삭막해져 가는 현재의 삶을 위로할 대중 매체로서 자리 잡고 있다." 부분을 통해 알 수 있다.

② 2문단의 "많은 사람들은 청소년들이 일본 만화 영화의 선정성과 폭력성을 모방했을 경우에 발생할 수 있는 문제점에 대해 지적한다." 부분을 통해 알 수 있다.

④ 3문단의 "월트 디즈니사가 이 영화를 해피엔딩으로 끝낸 것은 이러한 대중들의 욕구를 간파한 고도의 판매 전략에 기초하고 있다." 부분을 통해 알 수 있다.

작품 정리

(가) 이색, <백설이 ㅈ자진 골에>

주제	고려 국운 쇠퇴에 대한 한탄과 우국충정
특징	① 자연물을 통해 심정을 우의적으로 드러냄. ② 대조적 주제를 활용해 주제를 형상화함.

(나) 김상헌, <가노라 삼각산아>

주제	우국지사의 비분강개한 감정
특징	'삼각산'과 '한강수' 모두 '조국'을 상징함.

21

정답 ③

5문단의 "음운론적 변이 형태와 형태론적 변이 형태는 일정한 환경에서 배타적으로 나타나지만" 부분을 볼 때, ③의 이해는 적절하지 않다.

오답 풀이

① 2문단의 "'젓다'와 같은 동사는 주된 형태가 /젓/인데 뒤에 모음이 오면 'ㅅ'이 탈락하여 /저/가 된다고 설명하는 것이 그 예이다." 부분을 통해 알 수 있다.

② 2문단의 "주된 형태와 변이 형태를 판별하는 것이 쉽지만은 않다. 주격 조사 '이'와 '가'의 경우도 그렇다." 부분을 통해 알 수 있다.

④ 3문단의 "변이 형태는 그것이 나타나는 조건에 따라 음운론적 변이 형태, 형태론적 변이 형태, 자유 변이 형태로 나뉜다." 부분을 통해 알 수 있다.

22

정답 ③

〈조건〉을 모두 만족하는 표현은 ③이다.

오답 풀이

① 의문형으로 시작하지 않았고, 상대방의 의견을 반대하는 내용이 없다.

② 상대방의 의견을 인정하는 내용이 없다.

④ <보기>에 반대하기보다는 〈보기〉의 의견에 동의하는 내용이다.

23

정답 ②

3문단의 "분트 심리학에 대한 불만으로 독일 심리학자들은 게슈탈트 심리학을 수립하였다."를 볼 때, '분트 심리학에 불만을 가진 게슈탈트 심리학'의 진술은 옳다. 그리고 1문단의 "존 왓슨은 실험에서 심리적 요소를 제거했다."를 볼 때, '왓슨이 실험에서 심리적 요소를 제거'한 것은 맞다. 그러나 '게슈탈트 심리학' 실험에서 심리적 요소를 제거했는지는 알 수가 없다.

오답 풀이

① 1문단의 "존 왓슨은 실험에서 심리적 요소를 제거했다. 그는 ~ 실험을 해석하는 데 있어 의식(심리적 요소)을 배제하고 객관적으로 보이는 자극과 반응만으로 해석해야 한다고 주장했다."를 통해 알 수 있다.

③ 2문단의 "스키너는 스키너의 상자(Skinner Box) 실험을 통해 동물이 레버를 조작하면 먹이가 하나씩 나오게 하여 실험이 반복되면 동물이 적극적으로 레버를 이용해 먹이를 먹을 수 있음을 증명해 냈다."와 "음식이라는 강화물에 대한 강화행동으로, 즉 또 다른 행동으로 바꾸어 보여준 것이다."를 볼 때, '강화물'은 먹이를, '강화행동'은 레버를 조작하는 것을 의미한다고 할 수 있다.

④ 3문단의 "수직 광선 두 개를 빠른 속도로 투사하면 하나의 선으로 보이고 ~ 그는 이 현상이 완벽을 추구하는 지각 구조에 기인한다고 주장했다."를 통해 알 수 있다.

24

정답 ③

염소와 그 주인에 대해 사색한 내용을 자신과 결부시킨 것을 볼 때, 작가가 염소와 자신을 동일시하였다는 이해는 옳다. 그러나 '분노'가 아닌 '연민'을 드러내고 있다고 해야 옳은 이해이다.

오답 풀이

① 염소의 '내일 아침'에 대해 서술한 것에서 알 수 있다.

② '나'가 '염소'가 지나간 그 보도 위로 걸어온다고 한 것에서 알 수 있다.

④ '저 주인'의 '걸어가는 그 길'에 대해 언급한 것에서 알 수 있다.

25

정답 ③

제시된 글은 경제학적 측면에서 절도가 허용될 경우 사람들에게 어떠한 유인책이 작용할 수 있는지 설명하고 있다. 또한 도산법에서 개별적 채권 추심이 허용될 경우나 지식 재산권 관련 법에서 표절이 허용될 경우 경제학적 측면에서 사람들에게 어떠한 유인책이 작용할 수 있는지 설명하고 있다. 따라서 제시된 글은 경제학적 측면에서 법이 사람들에게 미칠 수 있는 효과를 설명하고 있다는 설명은 적절하다.

제2회 실전모의고사

01	02	03	04	05
④	①	②	③	①
06	07	08	09	10
①	①	③	③	②
11	12	13	14	15
②	③	④	③	①
16	17	18	19	20
②	②	②	③	③
21	22	23	24	25
③	③	②	①	④

01 정답 ④

㉠ 겨루게: 문맥상 올림픽에서 선수들이 '승부를 다투다'의 의미이다. '승부를 다투다.'라는 의미의 단어는 '겨루다'이다.

㉡ 일체(一切): 문맥상 걱정과 근심은 '모두 다' 털어 버리라는 의미이다. '모든 것을 다'라는 의미의 단어는 '일체(一切)'이다.

※ 일체 + 긍정

㉢ 고발(告發): 문맥상 시대의 어둠을 '세상에 알린다.'의 의미이다. '세상에 잘 알려지지 않은 잘못이나 비리 따위를 드러내어 알리다.'라는 의미의 단어는 '고발(告發)하다'이다.

오답 풀이

㉠ 겨누다: '활이나 총 따위를 쏠 때 목표물을 향해 방향과 거리를 잡다.', '견주어 헤아리다.'의 의미이다.

㉡ 일절(一切): 아주, 전혀, 절대로의 뜻으로, 흔히 행위를 그치게 하거나 어떤 일을 하지 않을 때에 쓰는 말이다.

※ 일절 + 부정 · 금지, 끊다

㉢ 고소(告訴): 범죄의 피해자나 다른 고소권자가 범죄 사실을 수사 기관에 신고하여 그 수사와 범인의 기소를 요구하는 일을 의미한다.

02 정답 ①

- 아지랭이 → 아지랑이: 주로 봄날 햇빛이 강하게 쬘 때 공기가 공중에서 아른아른 움직이는 현상.
- 맨날: 매일같이 계속하여서. =만날

오답 풀이

② • 철딱서니: '철'을 속되게 이르는 말. ≒철따구니, 철딱지
  • 고까옷: 어린아이의 말로, 알록달록하게 곱게 만든 아이의 옷을 이르는 말. ≒꼬까옷, 때때옷

③ • 옷매무시: 옷을 입을 때 매고 여미는 따위의 뒷단속. = 매무시
  • 아등바등: 무엇을 이루려고 애를 쓰거나 우겨 대는 모양.

④ • 동댕이치다: 1) 들어서 힘껏 내던지다. 2) 하던 일을 딱 잘라 그만두다.
  • 허드레: 그다지 중요하지 아니하고 허름하여 함부로 쓸 수 있는 물건.

03 정답 ②

1단계	㉠과 ㉢은 기계가 감정을 느낄 수 없다는 <보기>에 대한 구체적인 부연이다. 따라서 <보기> 뒤에 ㉠ - ㉢이 이어지는 것이 자연스럽다.
2단계	㉡은 <보기>와 ㉠ - ㉢에서 언급한 내용에 대한 반론이다. 따라서 ㉠ - ㉢ 뒤에 ㉡이 이어지는 것이 자연스럽다.

따라서 <보기> 뒤에 이어질 순서는 '㉠ - ㉢ - ㉡ - ㉣'이다.

04 정답 ③

③은 "언어는 그 시대의 사회상을 반영하다. + 그러기도 한다."라는 의미이므로 중복 표현이 없는 적절한 문장이다.

오답 풀이

① 좋은 호평 → 좋은 평/호평: '호평(好評)'은 '좋게 평함. 또는 그런 평판이나 평가'라는 뜻으로, 그 속에 '좋은'이라는 의미가 포함되어 있다. 따라서 '좋은 호평'은 의미가 중복된 표현이다.

② 따뜻한 온정 → 따뜻한 정/온정: '온정(溫情)'은 '따뜻한 사랑이나 인정'이라는 뜻으로, 그 속에 '따뜻한'이라는 의미가 포함되어 있다. 따라서 '따뜻한 온정'은 의미가 중복된 표현이다.

④ 다시 복습해라 → 복습해라: '복습(復習)'은 '배운 것을 다시 익혀 공부함.'이라는 뜻으로, 그 속에 '다시'라는 의미가 포함되어 있다. 따라서 '다시 복습해라'는 의미가 중복된 표현이다.

05 정답 ①

'어울림'은 동사 '어우르다'에 접사 '-이-'가 결합하여 '어울리다'로 파생된 후, 다시 접사 '-(으)ㅁ'이 결합되어 '어울림'으로 파생되었다. 그러므로 두 번의 파생 과정을 겪은 '줄임'과 유사한 단어 형성 과정을 보인다.

오답 풀이

② '끝맺음'은 합성어 '끝맺다'에 명사형 전성 어미 '-음'이 붙은 동사이다.

③ '귀여움'은 '귀엽(다)'에 명사형 전성 어미 '-음'이 붙은 형용사이다.

④ '눈웃음'은 파생어 '웃음'에 명사 '눈'이 결합해 합성어가 된 경우이다. 파생법에 의한 합성어일 뿐 두 번의 파생 과정을 겪은 것이 아니다.

06 정답 ①

①의 '덩굴'과 '넝쿨'은 유의어가 아니라 동의어이다.

오답 풀이

②, ③, ④에 제시된 단어들은 모두 유의 관계에 놓여 있다. 유의어는 의미가 비슷하다고 해서 언제나 바꾸어 쓸 수 있는 것은 아니고 상황에 따라 단어를 선택해서 사용한다.

07 정답 ①

'귓병'은 고유어 '귀'와 한자어 '병(病)', '텃세'는 고유어 '터'와 한자어 '세(貰)', '전셋집'은 한자어 '전세(傳貰)'와 고유어 '집'의 결합 과정에서 뒷말의 첫소리가 된소리로 난다. 따라서 ㉠의 예로 적절하다.

오답 풀이

② '햇수(해 + 數)'는 ㉠의 예로 적절하다. 그러나 '귓밥(귀 + 밥), 바닷가(바다 + 가)'는 '1 - (1)'의 예이다.

③ '핏기(피 + 氣)'와 '머릿방(머리 + 房)'은 ㉠의 예로 적절하다. 그러나 '곳간(庫 + 間)'은 '3'의 예이다.

④ '탯줄(胎 + 줄)'과 '자릿세(자리 + 貰)'는 ㉠의 예로 적절하다. 그러나 '맷돌(매 + 돌)'은 '1 - (1)'의 예이다.

08

정답 ③

'무상(無常: 없을 무, 항상 상)하다'는 '모든 것이 덧없다.', '일정하지 않고 늘 변하는 데가 있다.'라는 의미이다. 첫 번째 의미라면 '헛되다'와 바꿔 쓸 수 있다. 그런데 ㉢의 경우 문맥상 '출입이 일정하지 않다'의 의미이다. 따라서 '헛되다'가 아니라 '늘 변한다'와 바꿔 써야 한다.

오답 풀이

① '궁색(窮塞: 다할 궁, 막힐 색)하다'는 '아주 가난하다.'라는 의미이다. 따라서 '가난하게'로 바꿔 쓴 것은 옳다.

② '불과(不過: 아닐 불, 지날 과)하다'는 '그 수량에 지나지 아니한 상태이다.'라는 의미이다. 따라서 '그칠'로 바꿔 쓴 것은 옳다.

④ '만류(挽留: 당길 만, 머무를 류)하다'는 '붙들고 못 하게 말리다.'라는 의미이다. 따라서 '말릴'로 바꿔 쓴 것은 옳다.

09

정답 ③

㉠ '평안도와 제주도가 없는데 발굴하지 못했기 때문이고'라는 내용 뒤에, '울릉도 아리랑'을 발견한 것을 볼 때 실제로는 더 존재하는 것으로 보인다고 하였다. 이는 '근래'에 와서 '울릉도 아리랑'을 발견했다는 의미이므로, ㉠에는 '최근'이 들어가는 것이 적절하다.

㉡ 'A가 아니다. B도 아니다.'의 구조이다. '흥겹지도'의 보조사 '도'를 고려할 때, ㉡에는 '또한, 그리고' 정도가 들어가는 것이 적절하다.

㉢ ㉢ 뒤에 이어지는 마지막 문장은 '서울 아리랑이 중간적인 느낌을 주는 것이 특징이다.'를 통해 내린 결론에 해당한다. 따라서 ㉢에는 '그래서'나 '그렇기 때문에'가 들어가는 것이 적절하다.

10

정답 ②

2문단의 "함경도 회국수는 ~ 매콤한 양념에 비빔국수처럼 비빈 후 가자미식해나 빨갛게 무친 명태 자반을 올려 내는 것이 특징이다."를 볼 때, 함경도 요리는 자극적이라는 것을 알 수 있다. 또 3문단에는 "평양을 비롯해 서해안을 끼고 있는 평안도 지역은 ~ 자극적이지 않은 담백한 음식들이 주를 이루는 것이다."라고 나와 있다. 따라서 함경도 생선 요리는 대체로 평안도 생선 요리에 비해 맛이 짜고 매울 것이라 추론할 수 있다.

오답 풀이

① 제시된 글에서는 '북한 음식'을 동서로 나눴을 때, '동쪽'이 더 간이 세다는 사실은 알 수 있다. 그러나 '남한 음식'과 비교하여 설명하지 않았기 때문에, 북한 음식이 남한 음식보다 간이 센지 아닌지는 알 수 없다.

③ 4문단의 "평안도식 만두는 만두피가 비교적 두툼하면서"를 볼 때, 평안도의 만두피가 두툼한 편이라는 사실은 알 수 있다. 그러나 평안도의 만두와 개성 만두 중 어느 것이 더 자극적이지 않은지는 알 수 없다.

④ 2문단의 내용을 볼 때, 한국식 함흥냉면과 함경도 회국수 모두 고명이 올라간다. 따라서 함경도 지방의 회국수에는 고명이 올라가지 않는다는 추론은 적절하지 않다.

11

정답 ②

설멍하다: 1) 아랫도리가 가늘고 어울리지 아니하게 길다. 2) 옷이 몸에 맞지 않고 짧다.

예 설멍한 바지를 입고 나타난 그의 모습이 너무나 우스꽝스러웠다.

오답 풀이

① 득달같이: 잠시도 늦추지 아니하게.

③ 갖은소리: 1) 쓸데없는 여러 가지 말. 2) 가진 것도 없으면서 가진 체하며 뻐기는 듯이 하는 말.

④ 엉기정기: 질서 없이 여기저기 벌여 놓은 모양.

12

정답 ③

'다른'은 '딴'의 의미를 가진 관형사가 있고, 형용사 '다르다'의 관형사형이 있다. 관형사 '다른'은 서술성이 없고, 형용사의 관형사형 '다른'은 서술성이 있다. ㉠과 ㉡ 모두 서술성이 없기 때문에, 품사는 '관형사'이다.

※ '이/가'나 '와/과'가 앞에 제시되면 '다르다'로 해석해야 하는 형용사가 확실하다.

예 • 성격이 다른 사람과는 같이 살기가 어렵다.
• 배달 온 것은 내가 주문한 것과 전혀 다른 것이었다.

오답 풀이

① '아니'는 감탄사가 있고, 부사가 있다. 감탄사는 놀람이나 느낌, 부름, 응답 따위를 나타내고, 부사는 앞말을 부정하거나 어떤 사실을 강조할 때 쓴다. ㉠은 물음에 대한 대답이기 때문에, 품사는 감탄사이다. 한편, ㉡은 앞 문장 전체를 부정하고 있기 때문에, 품사는 부사이다.

② '못하다'는 일정 수준에 못 미치게 하거나, 능력이 없다는 의미일 때는 '동사'이고, 비교 대상에 미치지 않다는 의미일 때는 '형용사'이다. ㉠은 '건강'이 '젊은 시절'과 비교해 볼 때, 그 수준에 미치지 않다는 의미이기 때문에 ㉠의 품사는 형용사이다. 한편, ㉡은 노래를 잘 부를 능력이 없다는 의미이기 때문에 ㉡의 품사는 동사이다.

④ '붉다'는 '빛깔이 핏빛 또는 익은 고추의 빛처럼 되다.'라는 의미일 때는 동사이고, '빛깔이 핏빛 또는 익은 고추의 빛과 같다.'나 '공산주의에 물들어 있다.'라는 의미일 때는 형용사이다. ㉠은 '낯이 붉게 되다'의 의미이기 때문에 ㉠의 품사는 동사이다. 한편, ㉡은 '눈이 핏빛처럼 충혈되어 있다'라는 의미이기 때문에 ㉡의 품사는 형용사이다.

※ '붉다'의 경우, 의미상 구분보다 '관형사형 전성 어미'인 '-는'을 취하면 동사, 그렇지 않으면 형용사로 판별하는 것이 더 쉽다.

13

정답 ④

어머니의 사랑을 아버지의 사랑과 비교하여 어머니의 사랑을 더욱 강조하고 있다.

오답 풀이

① 마치 앞에 있는 상대에게 말을 건네는 형식으로 친근감을 형성하고 있는 것은 맞는다. 그러나 의문문 형식으로 된 문장은 없다.

② 색채 이미지를 활용하지는 않았다.

③ 여음(= 후렴(구), 조흥구) '위 덩더둥셩'을 통해 음악적 효과를 거두고 있는 것은 맞지만, 이는 의미가 없는 여음이다. 따라서 의미가 있는 여음이라는 설명은 적절하지 않다.

작품 정리

고려가요, <사모곡>

주제	어머니의 사랑 예찬
특징	① 고려가요의 일반적인 형태와 달리 단연시(후렴구를 제외하면 시조의 형식과 유사) ② '아소 님하'는 10구체 향가의 낙구 감탄사와 유사 ③ 농사 도구인 호미와 낫에 비유한 것으로 작자의 신분을 짐작할 수 있음. ④ 직유법, 비교법, 영탄법, 돈호법을 사용하여 어머니의 사랑을 드러냄.

현대어 풀이

호미도 날이 있지마는
낫처럼 들을 까닭이 없습니다. (호미와 낫을 비교)
아버님도 어버이시지만
어머님과 같이 나를 사랑하실 분이 없도다. (아버지와 어머니를 비교)
(더 말씀하지) 마시오! 사람들이여,
어머님 같이 사랑하실 분이 없도다. (어머니의 사랑 예찬)

14

정답 ③

㉠은 어근과 접사가 결합한 '파생어'에 다시 어근이 결합하여 만들어진 합성어도 있다는 설명이다. ㉠에 해당하는 것은 ③의 '놀이터'이다. '놀이터'는 '놀다'의 어근 '놀-'과 명사 파생 접미사 '-이'가 결합하여 만들어진 파생어 '놀이'에 다시 어근 '터'가 결합한 말이다. 따라서 ㉠의 예로 적절하다.

오답 풀이

① '싸움질'은 '싸우다'의 어근 '싸우-'에 명사 파생 접미사 '-ㅁ'이 결합하여 만들어진 파생어 '싸움'에 다시 접미사 '-질'이 결합한 말이다. 어근이 아니라 접미사가 결합한 경우이므로 ㉠의 예로 적절하지 않다.

② '짓밟히다(짓밟히는)'는 접두사 '짓-'과 어근 '밟다'가 결합하여 만들어진 파생어 '짓밟다'에 다시 피동의 접미사 '-히-'가 결합한 말이다. 어근이 아니라 접미사가 결합한 경우이므로 ㉠의 예로 적절하지 않다.

④ '여닫이'는 어근 '열다'와 '닫다'가 결합한 합성어 '여닫다'에 다시 명사 파생 접미사 '-이'가 결합한 말이다. 합성어에 접미사가 결합한 경우이므로 ㉠의 예로 적절하지 않다.

15

정답 ①

제시된 대화의 내용을 고려하면 반복해서 읽는 공부 방법은 부담 없이 공부할 수 있고, 쉬는 시간이나 점심시간, 혹은 차를 타고 이동하는 시간 등 자투리 시간을 활용할 수 있다는 것, 시간을 적게 들이면서도 효과를 볼 수 있다는 것이 핵심 내용이다. 따라서 ㉠에는 반복해서 읽는 공부 방법이 부담이 적고, 학습 시간 관리 측면에서도 효과적이라는 내용이 들어가는 것이 적절하다.

오답 풀이

② 반복적 읽기가 이후 학습 계획을 세우는 것에 도움이 된다는 내용을 확인할 수 없다.

③ 부족한 부분이 많다는 내용을 확인할 수 없다.

④ 노트를 정리하거나 인터넷 강의를 듣는다는 내용을 확인할 수 없다.

16

정답 ②

'쳐다보다'는 '위를 향하여 올려 보다.'라는 의미이다. '땅'을 보는 것은 '아래로 내려다보는' 것이므로 그 쓰임이 부적절하다.

※ '쳐다보다'의 의미

- 위를 향하여 올려 보다.
  예 밤하늘의 별을 쳐다보다.
- 얼굴을 들어 바로 보다.
  예 창밖을 쳐다보다.
- 어떤 대상을 전적으로 의지하며 바라보다.
  예 없는 살림에 남편만 쳐다보고 살 수 없다.

오답 풀이

① 본말 '디디다'와 준말 '딛다' 모두 표준어이므로, 어휘의 사용은 적절하다.

③ '헌칠하다'는 '키나 몸집 따위가 보기 좋게 어울리도록 크다.'라는 의미이므로, 그 사용이 적절하다.

④ '맞는지 여부를 검토하다.'라는 의미에서 '맞는지'를 쓴 것이므로, 그 사용은 적절하다.

17

정답 ②

'-리라'와 같은 어미를 사용하여 불의에 맞서 순결한 삶을 살겠다는 의지를 드러내고 있다. 하지만 특정 어미를 반복하여 화자의 의지를 강조하고 있지는 않다.

오답 풀이

① 마지막 연에서 문장의 순서를 바꾸어 '독을 차고 선선히 가겠다'는 화자의 의지를 강조하고 있다.

③ '허무한듸!', '아!' 등의 영탄적 어조를 통해 화자가 독을 차고 살 수밖에 없음을 결의하기까지의 고조된 감정을 드러내고 있다.

④ 벗과 화자가 대화를 나누는 구성을 활용하여 화자가 독을 차게 되기까지의 사고 과정을 구체적으로 제시하고 있다.

작품 정리

김영랑, <독을 차고>

주제	순결한 삶의 의지(식민지 현실에 대한 대결 의식과 삶의 의지)
특징	① 결연한 남성적 어조 ② 주정적 정감을 직서적으로 표출 ③ 대화체를 사용하여 화자의 의지를 강조 ④ '독'이라는 상징적 소재를 사용하여 화자의 의지를 강조

18

정답 ②

너∨하고 → 너하고: 문맥상 '너와', '너랑'의 의미이다. 즉 '하고'는 상대로 하는 대상임을 나타내는 부사격 조사이므로 '너'와 붙여 써야 한다.

비교 | '하고'의 쓰임

1. 부사격 조사
   예 • 철수는 너하고 닮았다.
   • 나하고 놀자.
   • 그는 애인하고 헤어졌다.

2. 접속 조사
   예 • 붓하고 먹을 가져오너라.
   • 어머니하고 언니하고 다 직장에 갔어요.

3. 동사 '하다'의 활용형
   예 • 역에서 다시 만나기로 하고 헤어졌다.
   • 머리를 벽 쪽으로 하고 잔다.

오답 풀이

① '난생처음'은 한 단어이므로 붙여 쓴 것은 옳다.

③ '선생님 같은'의 '같은'은 형용사 '같다'의 활용형이다. '선생님'과 '같은(같다)'은 각각의 단어이므로 띄어 쓴 것은 옳다.

④ '이틀간'의 '-간'은 '동안'의 뜻을 더하는 접미사이다. 따라서 '이틀'에 붙여 쓴 것은 옳다.

19

정답 ③

1문단의 "살아 있는 동안의 무사한 하루하루에 안도한다."와 2문단의 "나는, 이 진부한 삶의 끝없는 순환에 안도하였다."를 볼 때, 글쓴이인 '나'는 살아 있음 그 자체에 만족을 느끼고 있음을 알 수 있다. 따라서 글쓴이의 '삶'의 태도는 '아무리 천하고 고생스럽게 살더라도 죽는 것보다는 사는 것이 나음'을 이르는 말인 '개똥밭에 굴러도 이승이 좋다'와 관련이 있다.

오답 풀이

① 풀 끝의 이슬: '인생이 풀 끝의 이슬처럼 덧없고 허무함'을 비유적으로 이르는 말

② 굽은 나무가 선산 지킨다: 자손이 빈한해지면 선산의 나무까지 팔아 버리나 줄기가 굽어 쓸모없는 것은 그대로 남게 된다는 뜻으로, '쓸모없어 보이는 것이 도리어 제구실을 하게 됨'을 비유적으로 이르는 말

④ 하늘이 무너져도 솟아날 구멍이 있다: '아무리 어려운 경우에 처하더라도 살아 나갈 방도가 생긴다'는 말

20

정답 ③

2문단에서 '인공 지능의 사회적 지능 부족'을 개선하기 위한 노력의 사례로 '책래봇'을 들고 있다.

오답 풀이

① '소셜 로봇'의 개념을 정의하고는 있지만, '소셜 로봇'이 어떤 '배경'에서 탄생하게 되었는지를 설명하고 있지는 않다.

② '소셜 로봇'의 '작동 원리'나 '작동 과정'에 대한 언급은 하고 있지 않다.

④ '인공 지능'에 대한 '상반된 관점'을 제시하고 있지 않다.

21

정답 ③

3문단의 내용을 정리하면, 제시된 글에 여성에게 수면이 부족할 경우 남성에 비해 심장 질환에 걸릴 가능성이 높아진다는 것이다. 따라서 심장 질환에 걸릴 확률이 더 높은 건 '남성'보다는 '여성'이다.

오답 풀이

① 1문단의 "에드워드 수아레즈 박사는 210명의 건강한 성인 남녀를 대상으로 수면이 신체에 미치는 영향을 연구한 결과, 수면 부족과 심장 질환을 유발하는 높은 수준의 위험 인자 사이에 상관관계가 있다는 것을 발견했다. 그것도 오직 여성에게서만 이런 현상이 확인됐다." 부분을 통해 알 수 있다.

② 2문단의 "수아레즈 박사는 이를 검증하기 위해, 나이에 따른 차이가 있는지를 조사해 봤지만 이는 전혀 관련이 없었다. 흑인들이 백인보다 잠을 잘 못 잔다고 말한 점을 감안해 인종에 따른 차이도 조사해 봤지만, 이 역시도 관련이 없었다." 부분을 통해 알 수 있다.

④ 3문단의 "그는 수면에 큰 어려움을 겪는다는 여성들과 남성들을 조사한 결과, 여성들이 남성에 비해 테스토스테론 수치가 매우 낮은 것을 확인할 수 있었다." 부분을 통해 알 수 있다.

22

정답 ③

2문단의 "페니실리움 속에 속하는 곰팡이들 중 포도구균 배양을 억제하였던 종인 페니실리움 노타툼(Penicillium notatum)만이 페니실린을 생산한다는 점도 알게 되었다." 부분을 볼 때, 같은 속에 속한 곰팡이라 해서 반드시 같은 물질을 생산하는 것은 아님을 알 수 있다.

오답 풀이

①, ② 2문단의 "폐렴균, 수막염균, 디프테리아균 등 인간과 가축들에게 무서운 전염병을 일으키는 병원균들에 대한 항균 효과가 큰 반면 결핵균, 대장균, 인플루엔자균에는 거의 효과가 없다는 사실도 알아내었다." 부분을 통해 알 수 있다.

④ 2문단의 "종래의 여러 항생 물질은 세균의 성장과 발육을 억제하는 동시에 고등동물의 정상 세포에 대해서도 비슷한 작용을 한다는 문제점이 있었다." 부분을 통해 알 수 있다.

23

정답 ②

<보기>에 따르면 '원수성 세계'는 원초적인 대지의 세계로 오직 순수만이 존재하는 최초의 세계이고 문명에 더럽혀지지 않은 우리의 지향점이기는 하다. 그러나 이곳은 인간 최초의 세계로 실제 우리가 돌아갈 수 있는 곳은 아니다. 바로 '원수성 세계'에 대한 대안이 '귀수성 세계'가 되는 것이다. 타락한 것은 '차수성 세계'이기 때문에, ②와 같이 '귀수성 세계'까지 거부하고 '원수성 세계'를 지향한다는 내용은 적절하지 않다.

24

정답 ①

제시된 작품에는 '나'가 등장하지 않는다. 따라서 3인칭 시점이다. 또 서술자는 주로 관찰자 입장에서 인물들의 대화와 행동을 중심으로 사건을 객관적으로 전달하고 있다. 따라서 제시된 작품은 '3인칭 관찰자 시점'이다. 그러므로 제시된 소설에 대한 설명으로 적절한 것은 ①이다.

오답 풀이

② 요약적 진술(말하기, telling)을 하면 사건의 전개 속도가 빨라져 사건을 박진감 있게 서술할 수도 있다. 그러나 제시된 소설의 경우 주로 대화를 통해 사건이 전개(보여주기, showing)되고 있다. 따라서 전개 속도는 요약적 진술에 비해 느릴 수밖에 없다.

③ "잠 좀 잡시다!"라는 말을 하며, 청년이 고함을 내지르는 모습을 통해 인물 간 갈등이 일어날 것임을 짐작할 수 있다. 그러나 한 인물의 내적인 심리적 갈등은 제시된 부분에서 찾아볼 수 없다. 또한 내적 독백도 나타나지 않는다.

④ 제시된 소설에서 인물의 외양 묘사는 나타난다('청년은 ~ 누인다.'). 그러나 외양 묘사를 통해 인물의 성격 변화를 드러낸 부분은 없다.

작품 정리

홍성원, <삼인행>

주제	독재 치하의 암울한 사회상에 대한 비판과 풍자
특징	비판 정신을 지닌 젊은 세대와 원숙한 지혜를 중시하는 기성 세대의 논쟁을 통해 가치관 차이를 드러냄.

25

정답 ④

제시문은 시인 '정지용'의 작품 경향에 대해 설명하는 글이다.

오답 풀이

① 박두진: 시대의 부정적 가치를 비판하는 내용을 다루면서, 이념적으로는 절대적 가치를 추구. 대표작 「해」

② 박목월: 자연과의 교감을 바탕으로 향토적 서정에 민요적 율조를 재창조함. 대표작 「나그네」

③ 조지훈: 전통의식과 민족의식을 바탕으로 식민지 치하의 아픔과 전쟁의 비극을 그려 냄. 대표작 「승무」

제3회 실전모의고사

01	02	03	04	05
②	④	④	①	①
06	07	08	09	10
④	④	②	③	③
11	12	13	14	15
④	①	④	④	①
16	17	18	19	20
②	③	③	②	④
21	22	23	24	25
①	②	①	③	③

01

정답 ②

역사의 기록이나 신문 기사 등 객관적 사건을 서술하는 글에서는 '높임법'을 쓰지 않아도 된다. 따라서 '역사책'에서 세종대왕을 높이지 않은 "세종대왕은 훌륭한 임금이었다."는 적절한 표현이다.

오답 풀이

① 목적어 '할머니(를)'는 높임의 대상이다. 따라서 '보러' 대신 '뵈러'(기본형 '뵈다')를 쓰는 것이 더 자연스럽다.

③ '형'과 '아버지'를 두고 볼 때, '아버지'가 '형'보다 높은 사람이다. 따라서 압존법에 따라 '형'을 높일 필요가 없다. 그러므로 '도착하신대요'를 '도착한대요'(= '도착한다고 해요')로 쓰는 것이 더 자연스럽다.

④ '계시다'는 직접 높임에 쓸 수 있다. 제시된 문장은 '말씀'을 높임으로 써 교장 선생님을 간접적으로 높이고 있기 때문에 '계시겠습니다'를 '있으시겠습니다'로 쓰는 것이 더 자연스럽다. 다만, 더 좋은 표현은 '교장 선생님께서 ~ 말씀하시겠습니다.'이다.

02

정답 ④

㉣에서는 일상의 '현실'과 문학의 '현실'의 차이점을 밝히고 있다. 따라서 '같은 범주'의 둘 이상인 대상의 '차이점'을 밝히는 '대조'의 방법이 쓰였다.

오답 풀이

① '체언'을 일정한 기준에 따라 나눈 것이 '명사, 대명사, 수사'이다. 하위어를 상위어로 묶어 가면서 설명하고 있기 때문에 ㉠은 '분류'의 방법이 쓰였다.

② '핵, 세포질, 세포벽'은 '식물 세포'의 구성 요소이다. 따라서 ㉡은 '분석'의 방법이 쓰였다.

③ '이성'의 개념을 '감각적 경험 없이도 여러 가지를 사고해서 파악할 수 있는 능력'이라고 밝히고 있다. 따라서 ㉢은 '정의'의 방법이 쓰였다.

03

정답 ④

'이어진 문장'은 의미 관계에 따라 '대등하게 이어진 문장'과 '종속적으로 이어진 문장'으로 나눌 수 있다. 앞뒤 절의 순서 교체를 통해 둘을 판별할 수 있는데, 대등하게 이어진 문장은 앞뒤 절의 순서를 바꿔도 원래의 의미가 변하지 않는다. 한편, 종속적으로 이어진 문장은 앞뒤 절의 순서를 바꾸면 의미가 변한다. ④ '내일은 하늘이 흐리고 비가 내리겠습니다.'의 순서를 바꿔, '내일은 비가 내리고 하늘이 흐리겠습니다.'로 고쳐도 문장의 의미는 바뀌지 않는다. 따라서 '대등하게 이어진 문장'이다.

오답 풀이

①, ②, ③은 모두 앞뒤 문장의 순서를 바꾸면 의미가 달라지는 '종속적으로 이어진 문장'이다.

① '계속 커피를 마시면 / 건강을 해칠 수 있다.'의 순서를 바꿔, '건강을 해치면 계속 커피를 마실 수 있다.'로 고치면 문장의 의미가 바뀐다.

② '사자가 잠을 자는데 / 누가 깨울 수 있을까?'의 순서를 바꿔, '누가 깨울 수 있는데 사자가 잠을 잘까?'로 고치면 문장의 의미가 바뀐다.

③ '바닷가 가는 날에 입으려고 / 수영복을 샀다.'의 순서를 바꿔, '수영복을 사려고 바닷가 가는 날에 입었다.'로 고치면 문장의 의미가 바뀐다.

04

정답 ①

복녀가 아무리 말을 해도 '남편'의 게으른 성격은 고칠 수 없었다는 내용이다. 따라서 '한 번 몸에 익은 나쁜 버릇을 쉽게 고치기가 어렵다.'라는 뜻의 속담 '제 버릇 개 줄까'가 ㉠에 들어가는 것이 가장 적절하다.

오답 풀이

② 누워서 침 뱉기: 1) 남을 해치려고 하다가 도리어 자기가 해를 입게 된다는 것을 비유적으로 이르는 말 2) 하늘을 향하여 침을 뱉어 보아야 자기 얼굴에 떨어진다는 뜻으로, '자기에게 해가 돌아올 짓을 함.'을 비유적으로 이르는 말

③ 주는 떡도 못 받아먹는다: '제가 받을 수 있는 복도 멍청하게 놓친다.'는 말

④ 서 발 막대 거칠 것 없다: 서 발이나 되는 긴 막대를 휘둘러도 아무것도 거치거나 걸릴 것이 없다는 뜻으로, '가난한 집안이라 세간이 아무것도 없음.'을 비유적으로 이르는 말

05

정답 ①

'다른 것'의 '다른'은 '당장 문제 되거나 해당되는 것 이외의'라는 의미의 '관형사'로, 서술성이 없다. 즉 "철수야, 다른(딴) 것도 좀 먹어."에서 서술어는 '먹다' 1개뿐이다. 따라서 ①은 '홑문장'이다.

오답 풀이

② '소리도 없이'라는 부사절을 안은 겹문장이다.

③ '내가 읽은'이라는 관형절을 안은 겹문장이다.

④ '어디 가냐'라는 (간접)인용절을 안은 겹문장이다.

06

정답 ④

1문단에서 협상이란 참여하는 양 당사자가 타결에 대한 서로의 기대를 일치시켜 가는 과정이라고 정의하고 있다. 그리고 이러한 과정을 거쳐 협상이 타결되면 협상의 몫이 결정되는데 그 몫은 당사자들이 각각 협상의 상대방에 대해 얼마만큼의 기대를 가지고 있느냐에 좌우된다고 설명하고 있다. 그리고 2문단에서는 이 능력이 출중하면 자신에게 돌아올 몫이 많아진다고 설명하고 있다. 따라서 협상력은 '당사자들의 기대 정도를 파악하여 이를 조정하는 능력'과 '협상의 타결 뒤 자신에게 돌아올 몫이 많아지도록 만드는 능력'이라고 할 수 있다. 이러한 내용이 모두 담긴 것은 ④이다.

07

정답 ④

'통일성'은 담화를 구성하는 하위 요소들이 내용상 하나의 주제 아래 유기적인 관계를 맺고 있는 것을 말한다. ④의 두 번째 문장은 첫 번째 문장과 내용상 유기적으로 연결되지 않는다. 또한 마지막 문장도 첫 번째와 두 번째 문장과 전혀 연관성이 없는 내용이다. 따라서 ④는 내용적으로 통일성이 있는 글로 보기 어렵다.

08

정답 ②

눈을 맞으며 서 있는 사나이의 관자놀이에 퍼렇게 돋는 정맥을 통해 역동적인 봄의 생명감을 드러내고 있다.

작품 정리

김춘수, <샤갈의 마을에 내리는 눈>

구분	내용
주제	① 봄의 맑고 순수한 생명감 ② 봄의 생명력
특징	① 모두 15행으로 이루어진 단연시임. ② 의미 전달보다는 이미지 환기에 치중함. ③ 현재형의 시제를 사용하여 생동감 있게 표현함. ④ 미술 작품을 대상으로 하여 창작한 시임. ⑤ 감각적 심상과 회화적 요소의 활용이 두드러짐.

09

정답 ③

화자의 슬픔의 깊이를 '천만 리'로 수량화하고 흐르는 시냇물과 자신을 동일시(감정 이입)함으로써 애절한 마음을 드러내었다. 따라서 객관적 상관물은 ©의 '믈(시냇물)'이다. 제시된 시조에서 시적 화자는 "물이 울며 밤길을 간다."라고 하여 자신의 감정을 객관적 상관물에 이입하고 있다.

작품 정리

왕방연, <천만 리 머나먼 길에>

구분	내용
주제	단종과의 이별에 대한 슬픔, 임금(유배된 단종)과 이별하는 애절한 마음
특징	의인법, 감정 이입(자연물을 통해 화자의 정서를 드러냄.)

현대어 풀이

천만리 머나먼 길에 고운 임(단종) 이별하고
내 마음 둘 데 없어 냇가에 앉았더니
저 냇물도 내 마음 같아서 울면서 밤길을 가는구나(흐르는구나).

10

정답 ③

1문단에서 "소주 제조는 고려 시대에 비롯하여"라고 하였다. '비롯하다'는 '시작하다'라는 의미이다. 따라서 소주 제조는 고려 시대에 처음 시작되었다고 해야 적절한 이해이다.

오답 풀이

① 1문단에서 "소주 제조는 고려 시대에 비롯하여 조선을 거치는 동안 조금 변천되었으나 양조 과정이나 방법은 별다른 변화·발전이 없었다."라고 하였다. 따라서 큰 차이 없이 거의 같다는 의미를 가진 '대동소이(大同小異)'로 표현한 것은 옳다.

② 2문단을 통해 소주가 기화(액체가 기체로 변함)와 액화(기체가 액 체로 변함)의 원리를 이용한 증류주임을 알 수 있다.

④ 2문단에는 소주를 만드는 과정에 대한 설명이 나와 있다. 마지막 문장에서 "그래서 우리나라에서는 소주 만드는 것을 '소주 내린다'라고도 말하게 되었다."라고 하였다. 따라서 '소주를 내린다'는 말은 소주 제조의 원리와 밀접한 관련이 있음을 알 수 있다.

11

정답 ④

구분	내용
(가)	주장의 내용을 '나열'하고 있다. 따라서 '그리고'가 들어가는 것이 적절하다.
(나)	앞에서 제시한 내용의 '예'를 보이고 있다. 따라서 '가령', '예컨대'가 들어가는 것이 적절하다.
(다)	앞의 내용과 연결하면서 '비판'에 직면했다는 이야기로 '전환'하고 있다. 따라서 '그런데'가 들어가는 것이 적절하다.
(라)	입장이 바뀌었지만, 여전히 문제를 해결할 수 없었다는 내용이다. 따라서 '그러나', '하지만'이 들어가는 것이 적절하다.

따라서 바르게 나열한 것은 ④이다.

12

정답 ①

'햇볕'은 '해가 내리쬐는 기운'을 이르는 말이기 때문에 '뜨겁다'라는 서술어와 호응이 자연스럽다. 따라서 '올해 여름에는 유난히 햇볕이 뜨거웠다.'에 쓰인 어휘는 모두 바르다.

오답 풀이

② 구분 → 구별: '성질이나 종류에 따라 차이가 남. 또는 성질이나 종류에 따라 갈라놓음.'의 뜻을 가진 '구별(區別: 구분할 구, 나눌 별)'을 써야 한다.

※ 구분(區分: 구분할 구, 나눌 분): 일정한 기준에 따라 전체를 몇 개로 갈라 나눔.
예 역사는 고대, 중세, 근대, 현대 등으로 구분할 수 있다.

③ 틀리게 → 다르게: 날씨가 하루하루 '다르다'는 의미이다. 따라서 '틀리다' 대신 '비교가 되는 두 대상이 서로 같지 아니하다.'라는 의미의 '다르다'를 써야 한다.

④ 피기 → 피우기: '어떤 물질에 불을 붙여 연기를 빨아들이었다가 내보내다.'라는 의미의 말은 '피다(자동사)'가 아니라 '피우다(타동사)'이다.

13

정답 ④

'천정부지(天井不知: 하늘 천, 우물 정, 아닐 부, 알 지)'는 천장을 알지 못한다는 뜻으로, 물가 따위가 한없이 오르기만 함을 비유적으로 이르는 말이므로, 문맥상 단어의 쓰임이 적절하다.

오답 풀이

① 어떤 행위에 의해 나타나는 좋은 결과라는 의미가 들어가는 것이 적절하므로 '효과(效果: 본받을 효, 열매 과)'로 바꾸는 것이 더 적절하다.
※ 효능(效能: 본받을 효, 능할 능): 효험을 나타내는 능력.

② 알맞은 자리에 사람을 쓴다는 의미가 들어가는 것이 적절하므로 '적재적소(適材適所: 갈 적, 재목 재, 갈 적, 바 소)'로 바꾸는 것이 적절하다.
※ 적시(適時: 갈 적, 때 시): 알맞은 때.

③ 주어진 일을 처리함을 의미하는 말이 들어가는 것이 적절하므로 비유적으로 쓰는 '소화(消化: 꺼질 소, 될 화)'로 바꾸는 것이 적절하다.
※ 소진(消盡: 꺼질 소, 다할 진): 점점 줄어들어 다 없어짐. 또는 다 써서 없앰. ≒소삭

14

정답 ④

서씨와 '나'는 여러모로 대조되는 존재이다. 서씨가 원시적 생명력을 갖춘 사람이라고 한다면 나는 도회적 삶에 편입되어 살아가려는 평범한 소시민의 모습을 보여 주고 있다. 서씨가 자신의 힘을 감추고 살아간다면 반대로 나는 어떻게든 자신의 힘을 만들어 내려고 애를 쓰는 사람이라고 할 수 있다. 그런 면에서 '나'는 도시 생활이 주는 외로움을 알고 있지만 좀 더 좋은 환경과 도회적인 분위기 속에 자신을 편입시키려 애를 쓰고 있고, 그러면서도 과거의 인간적인 풍경에 향수를 느끼는 인물이며, 서씨는 엄청난 자신의 힘을 가지고 있음에도 그 힘을 숨기고 다른 사람과 같은 모습으로 살아가려 한다는 점에서 '나'와 공통점을 가진다.

오답 풀이

① '나' 역시 안주에 대한 동경이 있다는 점에서 보면 다른 점으로 보기 어렵다.

② 서씨가 언젠가 그 힘을 사용하기 위해 단련하는 것이라 보기 어렵다.

③ 서씨가 밤에 몰래 동대문에서 자신의 힘을 쓰는 것은 이미 세상에서 자신의 힘이 용도에 맞지 않는다는 것을 알고 현실에 맞추어 가기 위해 순간 힘을 발휘하는 것일 뿐 저항적 색채를 띤 인물로 보기 어렵다.

15

정답 ①

㉠은 이전의 하숙집의 모습이고, ㉡은 새로 가게 된 한결같은 곡이 연주되는 기계적인 집이다. 이 둘의 특성을 통해 이 소설의 주제를 확인할 수 있는데, 이에 따르면 ㉠은 비록 지저분하고 좁고 불편하지만 사람들의 생동감 있는 모습과 활기찬 생명력이 있는 곳이고, 반면에 ㉡은 깨끗하고 편리하고 합리적인 곳이지만 인간에게 당연히 주어져야 할 생동감과 살아 있는 생명력을 찾아볼 수 없는 기계적인 곳이다. 따라서 ①이 가장 적절한 설명이다.

작품 정리

김승옥, <역사(力士)>

주제	① 현대인의 기계적인 일상생활에 대한 풍자 ② 기계적인 삶을 강요하는 현실에 대한 비판
특징	① 풍자적, 우의적 ② 액자식 구성. 시간의 역전적 구성 ③ 서로 다른 공간과 인물의 특성을 제시하고 그에 대한 서술자 자신의 시각을 함께 드러냄.

16

정답 ②

• 잘∨됐다며 → 잘됐다며: '(반어적으로) 결과가 좋지 아니하게 되다.'라는 의미이므로 '잘되다'는 합성어이다. 따라서 '잘'과 '되다'는 붙여 써야 한다.

• 안∨돼 → 안돼: '얼굴이 상하다.'라는 의미이므로 '안되다'는 합성어이다. 따라서 '안'과 '돼'는 붙여 써야 한다.

오답 풀이

① • 잘∨되기 → 잘되기: '사람이 훌륭하게 되다.'라는 의미이므로 '잘되다'는 합성어이다. 따라서 '잘'과 '되기'는 붙여 써야 한다.
• 두 번째 문장은 부정 부사 '안'과 형용사 '돼'이므로 띄어 쓴 것은 옳다.

③ • 첫 번째 '잘되다'는 '일정한 수준이나 정도에 이르다.'라는 의미의 합성어이므로 붙여 쓴 것은 옳다.
• 두 번째 '안되다'는 '섭섭하거나 가엾어 마음이 언짢다.'라는 의미의 합성어이므로 붙여 쓴 것은 옳다.

④ • 첫 번째 '잘되다'는 '일, 현상, 물건 따위가 썩 좋게 이루어지다.'라는 의미의 합성어이므로 붙여 쓴 것은 옳다.
• 안∨돼 → 안돼: '일, 현상, 물건 따위가 좋게 이루어지지 않다.'라는 의미이므로 '안되다'는 합성어이다. 따라서 '안'과 '돼'는 붙여 써야 한다.

17

정답 ③

'곰상스럽다'는 성질이나 행동이 잘고 꼼꼼한 데가 있다는 뜻이다. '말이나 행동이 보기에 천하고 교양이 없다.'는 '상스럽다'의 사전적 의미이다.

18

정답 ③

'소리 없는 아우성'은 모순 형용으로 된 역설적 표현이다. 역설법은 표면적으로는 이치에 안 맞는 듯하나, 그 속에 심오한 뜻이 담기도록 하는 수사법이다. 역설법이 쓰인 예로만 묶인 것은 ③이다. '님은 갔지마는 나는 님을 보내지 아니하였다'라고 역설적으로 표현함으로써 이별의 슬픔을 표현하고 있다. '외로운 황홀한 심사'에서도 이치에 맞지 않는 역설적 표현을 통해 화자의 절제된 감정을 표현하고 있다.

오답 풀이

① '뵈오려 안 뵈는 님, 눈 감으니 보이시네.'에서만 역설법을 확인할 수 있다.

② '두 볼에 흐르는 빛이 / 정작으로 고와서 서러워라.'에서만 역설법을 확인할 수 있다.

④ '우리들의 사랑을 위하여서는 / 이별이 이별이 있어야 하네.'에서만 역설법을 확인할 수 있다.

19

정답 ②

ⓛ의 '해원'은 '이상향'을 상징하는 시어이다. ⓛ을 제외한 나머지는 '깃발'의 보조 관념이다. 따라서 가리키는 대상이 나머지 셋과 다른 것은 ⓛ이다.

작품 정리

유치환, <깃발>

주제	이상향에 대한 향수와 비애
특징	① '깃발'의 상징적 이미지를 역설을 통해 제시함. ② 동경과 좌절이라는 이원적 대립 구조를 지니고 있음. ③ 관념을 압축하고 정서를 상징화하여 언어의 경제성을 발휘함.

20

정답 ④

'괄목상대(刮目相對: 눈 비빌 괄, 눈 목, 서로 상, 대할 대)'는 눈을 비비고 상대편을 본다는 뜻으로, 남의 학식이나 재주가 놀랄 만큼 부쩍 늚을 이르는 말이다. 따라서 차마 눈뜨고 볼 수 없는 참혹한 상황과는 아주 관련이 없는 말이다. 아주 참혹한 상황인 ⓔ은 '눈앞에 벌어진 상황 따위를 눈 뜨고는 차마 볼 수 없음.'이라는 의미의 '목불인견(目不忍見: 눈 목, 아닐 불, 참을 인, 볼 견)'과 관련이 있다.

오답 풀이

① 기진맥진(氣盡脈盡: 기운 기, 다할 진, 맥 맥, 다할 진)은 '기운이 다하고 맥이 다 빠져 스스로 가누지 못할 지경이 됨.'을 이르는 말이다. 따라서 겨우 눈을 뜨고 간신히 입을 움직이는 상황에 어울리는 말이다.

② 명약관화(明若觀火: 밝을 명, 같을 약, 볼 관, 불 화)는 '불을 보듯 분명하고 뻔함.'을 이르는 말이다. 따라서 묻지 않아도 상황을 다 알 것 같았다는 내용에 어울린다.

③ 자포자기(自暴自棄: 스스로 자, 사나울 포, 스스로 자, 버릴 기)는 '절망에 빠져 자신을 스스로 포기하고 돌아보지 아니함.'을 이르는 말이다. 따라서 가족을 잃고 혼자만 살 수 없다는 생각에 무작정 물에 빠져 죽을 생각을 한 상황에 어울린다.

21

정답 ①

3문단의 "만일 약자라면, 가급적 강자와의 전면전을 피하고 상대방의 취약점을 집중 공략해 가는 국지전적인 게릴라 전법이 유효한 것이다." 부분을 볼 때, 적절하지 않은 이해이다.

오답 풀이

② 1문단에서 "원래 전력 차이의 제곱만큼 그 전력 격차가 더 커지게 된다는 것이 란체스터의 법칙이다. 가령, 성능이 같은 아군 전투기 5대와 적군 전투기 3대가 공중전을 벌인다면 최종적으로 살아남는 아군 전투기는 2대가 아니라 그 차이의 제곱인 4대가 된다는 것이다."라고 하였다. 따라서 '6'과 '4'의 차이, 즉 '2'의 제곱인 4대가 살아남는다는 이해는 적절하다.

③ 3문단의 "마찬가지로 우리 기업들이 세계 일류 기업들과의 경쟁에서 승자가 되기 위해서는 우선 상대방의 취약점을 찾아 이를 집중 공략하는 것이 필요하다." 부분을 볼 때, 적절한 이해이다.

④ 2문단의 "7대의 전투기를 가진 적군과 5대의 전투기를 가진 아군이 싸우려고 할 때 란체스터의 말대로라면 5:7로 동시에 전면전을 치러서는 곤란하다." 부분을 볼 때, 적절한 이해이다.

22

정답 ②

ⓛ의 '어떻게', ⓒ의 '식당으로'는 필수적 부사어이다. 그러나 ⓘ의 부사어 '운동장에서'는 생략해도 완벽한 문장을 이루는 데 지장이 없다. 즉 ⓘ의 '운동장에서'는 수의적 부사어이다. 필수적 부사어를 필요로 하는 서술어는 ⓛ과 ⓒ뿐이다. 따라서 ⓘ~ⓒ은 모두 필수적 부사어를 필요로 하는 서술어라는 이해는 옳지 않다.

오답 풀이

① 타동사는 '동작의 대상인 목적어를 필요로 하는 동사'이다. ⓘ의 '운동을', ⓛ의 '학생을', ⓒ의 '모임 장소는(를)'은 목적어이다. 따라서 ⓘ~ⓒ의 서술어가 모두 타동사라는 이해는 적절하다.

③ ⓛ의 '하다'는 주어(의미상 '우리가'라는 주어가 생략됨), 목적어, 부사어를 필요로 하는 세 자리 서술어이다. 한편, ⓘ의 '하다'는 주어(의미상 '내가'라는 주어가 생략됨)와 목적어만 필요로 하는 두 자리 서술어이다. 따라서 ⓘ의 '하다'보다 ⓛ의 '하다'는 더 많은 성분을 필요로 하는 서술어라는 이해는 옳다.

④ ⓘ의 '하다'가 필요로 하는 문장 성분은 주어(생략됨)와 목적어(운동을)이고, ⓔ의 '하다'가 필요로 하는 문장 성분은 의미상 주어(배 한 개)와 목적어(3,000원이나(을))이다. 따라서 ⓘ과 ⓔ의 '하다'는 모두 두 자리 서술어이다.

23

정답 ①

ⓘ의 '이 부족'은 앞일은 생각하지 않고, 당장의 개인적 이익을 취하기 위해 가축 수를 늘리고 가축들을 방목하여 목초지는 사라지고 생존도 불가능하게 되었다. 따라서 ⓘ의 생각과 가장 관련이 있는 속담은 '앞일은 생각해 보지도 아니하고 당장 좋은 것만 취하는 경우'를 비유적으로 이르는 말인 '우선 먹기는 곶감이 달다'이다.

오답 풀이

② 간에 붙었다 쓸개에 붙었다 한다: '자기에게 조금이라도 이익이 되면 지조 없이 이편에 붙었다 저편에 붙었다 함.'을 비유적으로 이르는 말

③ 사공이 많으면 배가 산으로 올라간다: 여러 사람이 저마다 제 주장대로 배를 몰려고 하면 결국에는 배가 물로 못 가고 산으로 올라간다는 뜻으로, '주관하는 사람 없이 여러 사람이 자기주장만 내세우면 일이 제대로 되기 어려움.'을 비유적으로 이르는 말

④ 콩 심은 데 콩 나고 팥 심은 데 팥 난다: '모든 일은 근본에 따라 거기에 걸맞은 결과가 나타나는 것임.'을 비유적으로 이르는 말

24

정답 ③

'울릉'의 표준 발음은 [울릉]이다. 「로마자 표기법」에 따르면 'ㄹㄹ'은 'll'로 표기한다. 따라서 'Ulleung'으로 표기한 것도 옳다.

오답 풀이

① '묵호'의 표준 발음은 [무코]이다. 다만, 체언에서 'ㄱ, ㄷ, ㅂ' 뒤에 'ㅎ'이 따를 때에는 'ㅎ(h)'을 밝혀 적는다(용언의 자음 축약은 표기에 반영하지만, 체언의 자음 축약은 표기에 반영하지 않는다). 따라서 'Mukho'로 표기해야 한다.

② '백제'의 표준 발음은 [백쩨]이다. 다만, 된소리되기는 표기에 반영하지 않기 때문에 'Baekje'로 표기해야 한다.

④ '한양'의 표준 발음은 [한:냥]이 아니라 [하:냥]이다. 따라서 'Hanyang' 으로 표기해야 한다.

25

정답 ③

3문단에서 "체계적 오차는 주로 지식이나 교육, 정보, 경제 수준 등이 조사 내용에 체계적으로 영향을 미쳐 발생하는 오차를 말한다."라고 하였다. 따라서 '경제 수준'에 영향을 받아 발생하는 오차는 '비체계적 오차'가 아니라 '체계적 오차'이다.

오답 풀이

① 1문단의 "사회 현상에 대한 조사는 사회 현상 속에 내재되어 있는 인간의 행동이나 심리를 다루는 것"을 통해 알 수 있다.

② 1문단의 "다양한 외적 변수에 노출될 소지가 있어 오차가 발생할 가능성이 높다."를 통해 알 수 있다.

④ 2문단에서 '오차 발생의 원인'에 대해 "측정 기간이나 시간에 따라 측정 대상자의 경험이나 기분 등이 측정에 영향을 끼칠 수 있기 때문이다."라고 하였다. 따라서 이러한 영향을 받지 않게 된다면, 오차는 줄어들게 될 것임을 알 수 있다.

제4회 실전모의고사

01	02	03	04	05
②	④	③	④	②
06	07	08	09	10
③	④	②	②	③
11	12	13	14	15
②	④	③	②	②
16	17	18	19	20
④	③	②	④	②
21	22	23	24	25
②	②	②	②	③

01

정답 ②

야들야들[야들냐들 → 야들랴들/야드랴들]: '야들야들'은 [야들랴들/야드랴들]로 발음한다. [야드랴들]은 연음하는 경우이고, [야들랴들]은 'ㄴ' 첨가 후 유음화가 된 경우이다. 그러나 [야들냐들]은 잘못된 발음이다.

오답 풀이

① 겹받침 'ㄺ'은 [ㄱ]으로 발음하며, 된소리되기가 일어난 경우이므로 [극쩍끅쩍]이 적절하다.

③ 겹받침 'ㄺ'은 [ㄱ]으로 발음하며, 된소리되기와 자음 축약이 일어나 [각짝깍짜카다]로 발음된다.

④ '유들유들하다'는 [유들류들하다]로 발음한다. 예전에는 [유드류들]도 맞았지만 2015년 6월 이후에 [유들류들]만 맞게 되었다.

02

정답 ④

제시문과 ④는 모두 '성급한 일반화의 오류'를 보여 주고 있다. '성급한 일반화의 오류'는 대표성이 결여된 소수의 근거들을 이용하여 일반화함으로써 빚어지는 오류를 말한다.

오답 풀이

① 인신공격의 오류: 상대방의 말에 대하여 반박할 때, 그 말에 반대하여 말하는 것이 아니라 상대방의 신상에 관한 일을 들어 비난함으로써 생기는 오류

② 무지에 호소하는 오류: 참으로 증명되지 않은 명제나 전제에 대해 아직까지 참이나 거짓으로 증명되지 않았다는 것을 근거로 결론을 이끌어 내는 오류

③ 분할의 오류: 전체에 대하여 참인 명제에 대해 전체를 이루는 부분에 대해서도 참이라고 판단하여 발생하는 오류

03

정답 ③

'나'는 도적들이 들이닥쳐 목숨의 위협을 느끼고 죽을힘을 다해 달아나 겨우 목숨을 보존한 상황이다. 따라서 '나'가 처한 상황을 나타내기에 '거의 죽게 되어 곧 숨이 끊어질 지경에 이름.'을 의미하는 '명재경각(命在頃刻: 목숨 명, 있을 재, 기울 경, 새길 각)'이 가장 적절하다.

오답 풀이

① 조족지혈(鳥足之血: 새 조, 발 족, 어조사 지, 피 혈): 새 발의 피라는 뜻으로, '매우 적은 분량'을 비유적으로 이르는 말

② 각고면려(刻苦勉勵: 새길 각, 쓸 고, 힘쓸 면, 힘쓸 려): '어떤 일에 고생을 무릅쓰고 몸과 마음을 다하여, 무척 애를 쓰면서 부지런히 노력함.'을 이르는 말

④ 기고만장(氣高萬丈: 기운 기, 높을 고, 일만 만, 어른 장): '펄펄 뛸 만큼 대단히 성이 남. / 일이 뜻대로 잘될 때, 우쭐하여 뽐내는 기세가 대단함.'을 이르는 말

04

정답 ④

'ㅁ'으로 인해 비음화가 일어난 것은 'Ⓒ, Ⓔ'이 아니라 'Ⓐ, Ⓓ'이다.

오답 풀이

① '겉멋만'의 표준 발음은 [건먼만]이다. 즉 'ㄴ'으로 바뀌는 비음화가 '겉멋'에서 한 번, '멋만'에서 또 한 번 일어났다.

② '꽃식물'의 표준 발음은 [꼳씽물]이다. 즉 'ㅇ'으로 바뀌는 비음화가 '식물'에서 한 번 일어났다.

③ '겉멋만 → [걷먿만] → [건먼만]', '꽃식물 → [꼳씽물]', '낮잡는 → [낟짬는]' 모두에서 음절 끝의 자음이 'ㄷ'으로 바뀌는 음절의 끝소리 규칙이 일어났다.

05

정답 ②

'조변석개(朝變夕改: 아침 조, 변할 변, 저녁 석, 고칠 개)'는 아침저녁으로 뜯어고친다는 뜻으로, 계획이나 결정 따위를 일관성이 없이 자주 고침을 이르는 말이다. 그런데 제시된 글에는 신하들이 정책을 자주 고쳐 일관성이 없다는 내용은 나와 있지 않다. 따라서 ②는 제시된 글을 통해서는 알 수가 없다.

오답 풀이

① '수수방관(袖手傍觀: 소매 수, 손 수, 곁 방,볼 관)'은 팔짱을 끼고 보고만 있다는 뜻으로, 간섭하거나 거들지 아니하고 그대로 버려둠을 이르는 말이다. "국가 계획과 민생의 걱정은 문제도 삼지 않은 채 버려둡니다."에서 신하들의 '수수방관'하는 태도를 알 수 있다.

③ '고식지계(姑息之計: 시어미 고, 숨쉴 식, 갈 지, 꾀할 계)'는 우선 당장 편한 것만을 택하는 꾀나 방법을 이르는 말이다. "이렇게 되니 대관(大官)과 백료들도 오로지 임시방편으로 하기만 일삼고"에서 '고식지계'의 태도를 알 수 있다.

④ '이전투구(泥田鬪狗: 진흙 이(니), 밭 전, 싸움 투, 개 구)'는 자기의 이익을 위하여 비열하게 다툼을 비유적으로 이르는 말이다. "당파에 대한 사심(私心)을 끼고 서로 넘어뜨릴 계책을 부리려는 것뿐입니다."에서 '이전투구'하는 태도를 알 수 있다.

06

정답 ③

제시된 글에서는 판매자가 가격 탄력성이 상대적으로 큰 소비자 집단에 대해 할인을 해 주는 형태로 가격 차별을 하는 경우가 많다고 밝히고 있다. 가격 탄력성이 크다는 것은 가격이 조금만 올라도 그 물건을 구매하지 않는다는 것을 뜻한다. 따라서 제시된 글을 요약한다면, '가격이 비쌀 경우 그 물건을 구입하지 않을 사람들(가격 탄력성이 큰 사람들)에게 할인을 해 주는 것이 판매자가 가격 차별을 하는 방식이다.'가 된다.

07

정답 ④

개이고 → 개고: '흐리거나 궂은 날씨가 맑아지다.'라는 의미의 말은 '개이다'가 아니라 '개다'이다. 따라서 '개이고'가 아니라 '개고'로 표기해야 한다.

※ '개이다'는 우리말에 존재하지 않는다.

오답 풀이

① '조금만 잘못하였더라면'이라는 의미의 부사는 '하마터면'이다.
※ 하마트면(×)

② '주책이다'는 본래 '주책없다'의 비표준어였으나 2017년 1월 '주책없다'와 동일한 뜻으로 널리 쓰이는 것으로 판단하여 표준어로 인정되었다.

③ '두 물체를 맞대어 문지르다.'라는 의미의 동사는 '비비다'이다.
※ 부비다(×)

08

정답 ②

선배의 안부를 묻고 있는 "잘 지내셨어요?"는 '친교(사교)'의 의도로 발화한 것이다.

오답 풀이

① 지각한 행동이 잘못되었음을 '지적'하기 위한 의도로 한 발화이다.

③ 학급 회의를 시작하겠다고 '선언'하는 의도로 한 발화이다.

④ 방이 추우니 창문을 닫아 달라는 '명령'의 의도로 한 발화이다.

09

정답 ②

제시된 글에서는 물속 세상을 인간의 국가에 비유하여, 큰 물고기가 작은 물고기를 학대하는 상황에 대한 비판적 인식을 드러내고 있다.

오답 풀이

① 계절을 특정하기 어렵다.

③ 가상적인 상황을 표현하고 있으며, 자연의 섭리와 관련되어 있지도 않다.

④ 서술자가 부정적으로 받아들이는 현실과 관계된다고 할 수 있다. 그러나 서술자의 대결 의지가 직접적으로 표현되었다고 보기 어렵다.

10

정답 ③

3연에서 '날이 흐리고 풀뿌리가 눕는다.'는 현재, 모순과 부조리의 상황에서 민중의 나약하고 수동적인 모습을 나타낸다. 하지만 3연과 〈보기〉를 연계해서 생각하면 민중은 언제라도 적극적인 태도로 사회 변혁을 위해 역사의 주체로 나설 수 있다. 그러므로 민중의 수동적인 모습이 지속될 것임을 암시하고 있다는 감상은 적절하지 않다.

오답 풀이

① '동풍'과 '바람'에 의해 '풀'은 눕고 우는 모습을 보이는데, 이것은 〈보기〉에서 민중의 첫 번째 모습인 나약하고 수동적인 모습이라 할 수 있다.

② '바람보다 먼저 일어난다.'는 '풀'을 억압하는 존재인 '바람'보다 적극적이며 능동적인 모습을 보이고 있다. 이것은 〈보기〉에서 민중의 두 번째 모습인 강인한 생명력을 바탕으로 사회 변혁에 나서는 적극적인 모습으로 볼 수 있다.

④ '풀'이 눕고 우는 모습은 수동적이며 나약한 모습을, 일어나고 웃는 모습은 적극적이며 강인한 모습을 나타낸다. 3연에서는 이러한 모습이 반복되고 있다.

작품 정리

김수영, <풀>

주제	민중의 끈질긴 생명력
특징	① 대립적 시상 구조로 주제를 강화함. ② 반복과 대구에 의한 리듬감을 형성함.

11

정답 ②

'밝다'가 '밤이 지나고 환해지며 새날이 오다.'라는 의미일 때는 동사이고, '불빛 따위가 환하다.'라는 의미일 때는 형용사이다. ⓒ은 문맥상 '환하다'의 의미로 쓰였기 때문에 ⓒ의 품사는 형용사이다. ⓜ의 '가다'는 동사이다. 따라서 ⓒ과 ⓜ은 품사가 동일하다는 설명은 옳지 않다.

오답 풀이

① 체언에는 '명사, 대명사, 수사'가 있다. ㉠의 '여기'는 대명사이다. 따라서 체언이라는 설명은 옳다.

③ ㉣의 '너'는 대명사이고, ㉥의 '책'은 명사이다.

④ ㉡의 '어둡다(형용사)', ⓒ의 '밝다(형용사)', ⓜ의 '가다(동사)'는 모두 용언이라는 점에서 활용한다는 공통점이 있다는 설명은 옳다.

12

정답 ④

"일이 다 틀렸나 보군." → '일이 다 틀렸나 보군.': 큰따옴표는 직접 대화를 표시할 때 쓴다. 그런데 "생각하였다"를 볼 때, '일이 다 틀렸나 보군.'은 마음속으로 생각한 말이다. 마음속으로 한 말을 적을 때는 큰따옴표가 아니라 작은따옴표를 쓴다. 따라서 "일이 다 틀렸나 보군."을 '일이 다 틀렸나 보군.'으로 고쳐야 한다.

오답 풀이

① 대괄호([ ])는 고유어에 대응하는 한자어를 함께 보일 때, 즉 안의 말이 바깥 말과 음이 다를 때 쓴다. 따라서 '나이'와 한자어 '연세(年歲)', '손발'과 한자어 '수족(手足)'의 음이 다르기 때문에 대괄호를 쓴 것은 옳다.

② 빗금(/)은 대응되거나 대립되는 두 개 이상의 어구를 묶어 나타낼 때 그 사이에 쓴다. 따라서 복수 표준어 '깨트리다/깨뜨리다'를 표기한 것과 대립되는 '착한 사람/악한 사람'을 표기한 것은 옳다.

③ 가운뎃점(·)은 열거할 어구들을 일정한 기준으로 묶어서 나타낼 때 쓴다. 따라서 같은 묶음인 용언에 속함을 보이기 위해 가운뎃점을 사용한 것은 옳다.

13

정답 ③

제시문은 루만의 사회학적 도덕 이론에 대해 설명하고 있다. 루만은 도덕에 기능적으로 접근하면서, 도덕적 사실의 이론적 토대가 되는 윤리학을 추구한다. 또한 경험적 현상으로 도덕을 파악하고자 했다. 따라서 제시문의 제목으로 가장 적절한 것은 ③이다.

오답 풀이

① '사회와 인간의 동질성'을 언급한 것은 루만의 기본적인 사상을 설명하기 위해서일 뿐 제시문의 전체 내용을 아우르지 못하므로 제목으로는 적절하지 않다.

② '선악 약호에 따른 평가'를 언급한 것은 루만의 기본적인 사상을 설명하기 위해서일 뿐이며 그 방법에 대한 설명은 제시문에서 확인할 수 없다.

④ 루만은 사회학에 내재된 도덕적 요소들을 제거하는 데 공헌하였다고 했으므로 제시문의 내용과 부합하지 않는다.

14

정답 ②

만족(萬足 → 滿足): '마음에 흡족함.'을 의미하는 '만족'은 '滿足(가득찰 만, 만족할 족)'으로 표기해야 한다.

※ 萬(일만 만)

오답 풀이

① '어떤 일을 하는 데 드는 돈'을 의미하는 '비용'은 '費用(쓸 비, 쓸 용)'으로 표기한다.

③ '값을 치름'을 의미하는 '지불'은 '支拂(지탱할 지, 떨칠 불)'로 표기한다.

④ '정함'을 의미하는 '결정'은 '決定(결정할 결, 정할 정)'으로 표기한다.

15

정답 ②

㉠의 '떨어지다'는 '일정한 거리를 두고 있다.'의 의미이다. 이와 의미가 유사한 것은 ②이다.

오답 풀이

① '다른 것보다 수준이 처지거나 못하다.'의 의미로 쓰였다.

③ '관계가 끊어지거나 헤어지다.'의 의미로 쓰였다.

④ '값, 기온, 수준, 형세 따위가 낮아지거나 내려가다.'의 의미로 쓰였다.

16

정답 ④

"문장의 각 단어는 띄어 씀을 원칙으로 한다."라고 하였고, "흔히 조사는 단어로 다루어진다."라고 하였다. 이러한 원리를 따른다면 '조사'는 단어이기 때문에 띄어 써야 한다. 그런데 ㉠ 바로 다음 문장에서 "조사를 띄어 쓰는 일은 없다."라고 하였다. 따라서 ㉠에는 앞의 내용을 인정하면서 앞의 내용과 뒤의 내용이 대립될 때 쓰는 역접의 접속 부사인 '그렇지만'이 들어가는 것이 가장 적절하다.

17

정답 ③

'이르다[1]'과 '이르다[2]'는 두 가지 이상의 뜻을 가지고 있지만, '이르다[3]'은 한 가지의 뜻만 가지고 있다. 따라서 '이르다[1]'과 '이르다[2]'는 다의어이지만 '이르다[3]'은 다의어가 아니다.

오답 풀이

① '유의 관계'는 의미가 비슷한 말의 관계이다. 그런데 각각의 '이르다'의 의미는 모두 다르다. 즉 '의미적 관련성'은 없고, '소리'만 동일한 단어들이다. 따라서 '동음이의 관계'이다.

② '이르다[1]'은 '러' 불규칙 용언(어미 불규칙)이고, '이르다[2]'와 '이르다[3]'은 '르' 불규칙 용언(어간 불규칙)이다. '러' 불규칙은 어미 '-어' 대신 '-러'를 취하는 것으로, 어미 불규칙 용언이다. 따라서 셋 모두 어간이 바뀌는 불규칙 활용이라는 설명은 옳지 않다.

④ 명령형과 청유형은 '동사'만 가능하다. 그런데 '이르다[1]'과 '이르다[2]'는 동사이고, '이르다[3]'은 형용사이다. 따라서 명령형과 청유형은 '이르다[1]'과 '이르다[2]'만 가능하고, '이르다[3]'은 가능하지 않다.

18

정답 ②

자제력이 있는 사람은 합리적인 선택을 하는 사람이므로 그 행위는 모두 자발적이라고 할 수 있다.

오답 풀이

① 욕망에 따른 행위에는 자발적인 것으로 볼 수 있는 것과 그렇지 못한 것이 있다.

③ 자제력이 없는 사람은 욕망 때문에 행위하는 것이지 비자발적으로 행위한다고 할 수 없다.

④ 자발적인 행위 자체가 모두 합리적인 선택이라고 할 수 없다.

19

정답 ④

2문단의 "생명이 어버이에게서만 비롯되는 것이라면, 생명의 기원은 무한히 거슬러 올라가면 시작이 없다는 모순에 부딪히게 된다." 부분을 볼 때, 진화론의 모순은 '원시적 생명체'를 해명할 수 '없다'는 점에 있다.

오답 풀이

① 1문단의 "파스퇴르는 유기물을 함유한 액체를 멸균한 후 공기와 접촉시켜도 공기 속의 미생물이나 포자를 적당한 방법으로 없애면 자연 발생이 일어나지 않는다는 것을 실험적으로 증명하여 일반적인 생물의 자연 발생을 부정하는 데 성공하였다." 부분을 통해 알 수 있다.

② 3문단의 "이러한 모순(진화론의 모순)을 해결하기 위해 생물의 배종이 다른 천체에서 지구로 떨어져 발전했다는 우주 기원설이 나타났다." 부분을 통해 알 수 있다.

③ 3문단의 "1903년에 스웨덴의 물리학자 아레니우스는 원시 생물이 우주에서 운석을 타고 지구에 도달했을 이론적 가능성을 제시하기도 했다. 하지만 아레니우스의 학설은 부정되었다. 우주 공간에 존재하는 여러 고에너지 방사선에 견딜 수 있는 생명체는 생각할 수 없기 때문이었다." 부분을 통해 알 수 있다.

20

정답 ②

창던지기에서 창의 무게에 제한을 두지 않는다고 짐작하는 것은 적절하지 않다. '남자 일반 기준으로 창의 무게는 800g에 불과'하다는 내용을 통해 볼 때, 창던지기에서는 특정 기준에 따라 창의 무게에 제한을 두고 있음을 짐작할 수 있다.

오답 풀이

① 창던지기는 다른 던지기 경기와 달리 도움닫기를 허용하고 있어 가속이 붙는다고 했으므로, 이를 근거로 창던지기의 비거리는 도움닫기의 영향을 받는다고 추론할 수 있다.

③ 맞바람이 불 때는 창끝을 낮추고 등 뒤에서 바람이 불 때는 창끝을 높인다고 했으므로, 창끝의 각도는 바람의 방향을 고려하여 조정해야 한다는 것을 알 수 있다.

④ 채찍 효과는 '허리를 축으로 상체를 회전시키면서 창을 던질 때 나오는 것'이므로, 결국 채찍 효과는 회전력을 이용해 창을 멀리 던지는 기술임을 알 수 있다.

21

정답 ②

㉠ 자율성주의에서 예술작품에 대한 도덕적 가치판단은 범주착오에 해당하므로 옳은 진술이다.

㉢ 온건한 도덕주의에서는 예술작품들 중에 일부만 도덕적 가치판단이 가능하다는 입장이다. 그런데 극단적 도덕주의에서는 모든 예술작품이 모두 도덕적 가치판단의 대상이기에 옳은 진술이다.

오답 풀이

㉡ 극단적 도덕주의에 있어서 모든 예술작품은 도덕적 가치판단의 대상으로 긍정적 또는 부정적으로 평가되지만, 그렇다고 해서 모든 도덕적 가치가 예술작품을 통해 구현되는 것은 아니다.

22

정답 ②

제시된 글은 현일의 내면 의식을 드러낸 부분으로, '나 역시 이 세상과는 벌써 인연이 멀어진 사람이로구나.', '그러나 지금 내게는 무엇이 남았으랴. 절망인들 남았으랴. 죽어 가는 폐어에게 물도 공기도 무슨 소용이랴.'에서 볼 수 있듯이 현일의 내적 독백을 직접 제시하고 있다.

오답 풀이

① '외양'이 아닌 '내면'을 제시하고 있다.

③ 공간적 배경을 사실적으로 제시하고 있지 않다.

④ '관찰자 시점'이 아닌 '1인칭 시점'이다.

23

정답 ②

멋장이 → 멋쟁이: 기술자에게는 '-장이', 그 외에는 '-쟁이'가 붙는 형태가 표준어이다. '멋'이 붙은 말은 기술자로 보기 어렵다. 따라서 '-쟁이'가 붙은 '멋쟁이'가 표준어이다.

※ 멋쟁이: 멋있거나 멋을 잘 부리는 사람

오답 풀이

① '미장이'는 '건축 공사에서 벽이나 천장, 바닥 따위에 흙, 회, 시멘트 따위를 바르는 일을 직업으로 하는 사람'을 이르는 말이다. 기술자이기 때문에 '-장이'를 붙인 '미장이'는 표준어이다.

③, ④ 어원이 '-나기'이지만, 'ㅣ' 모음 역행 동화가 일어난 '-내기' 형태가 표준어이다. 따라서 '풋내기', '서울내기'는 표준어이다.

24

정답 ②

'추대(推戴: 옮길 추, 일 대)'는 '윗사람으로 떠받듦.'이라는 뜻을 지닌다. '직무를 맡기어 사람을 씀.'의 뜻을 가진 단어는 '임용(任用: 맡길 임, 쓸 용)'이다.

① 중용(重用: 중요할 중, 쓸 용): 중요한 자리에 임용함.

③ 회자(膾炙: 회 회, 구울 자): 회와 구운 고기라는 뜻으로, 칭찬을 받으며 사람의 입에 자주 오르내림을 이르는 말.

④ 창달(暢達: 화창할 창, 통할 달): 1) 의견, 주장, 견해 따위를 거리낌이나 막힘이 없이 자유롭게 표현하고 전달함. 2) 거침없이 쑥쑥 뻗어 나감. 또는 그렇게 되게 함.

25

정답 ③

㉠, ㉡, ㉣은 '밖에서 속이나 안으로 향해 가거나 오거나 하다.'라는 중심 의미에서 확장된 주변 의미를 지닌다. 따라서 ㉠, ㉡, ㉣은 다의 관계의 단어이다. 한편, ㉢은 '아래에 있는 것을 위로 올리다.'라는 의미로, 나머지와 의미적 관련성이 없다. 따라서 ㉠, ㉡, ㉣과 동음이의 관계이다.

오답 풀이

① '마음에 들다'의 '들다'는 '어떤 물건이나 사람이 좋게 받아들여지다.'라는 의미이다.

② '적금에 들다'의 '들다'는 '적금이나 보험 따위의 거래를 시작하다.'라는 의미이다.

④ '습관이 들다'의 '들다'는 '버릇이나 습관이 몸에 배다.'라는 의미이다.

제5회 실전모의고사

01	02	03	04	05
②	③	②	②	①
06	07	08	09	10
①	①	③	②	②
11	12	13	14	15
④	③	②	①	④
16	17	18	19	20
③	①	②	①	④
21	22	23	24	25
④	①	③	④	④

01

정답 ②

'박스 오피스'는 '연극, 영화, 공연 등에서, 흥행 결과를 알 수 있는 총수입 금액'이라는 뜻이다. '흥행 수익'이 적절한 순화어이다.

02

정답 ③

'읽다'에 '-게 되다'를 붙이면 '사동문'이 아니라 '피동문'이 된다.

※ 사동문을 만들려면, '-게 하다'나 '-시키다'를 붙여야 한다.

오답 풀이

① 주동문의 서술어 '읽다'에 사동 접미사 '-히-'가 붙어 목적어 '신문을'을 취하는 사동사 '읽히다'가 만들어졌다.

② 주동문의 주어 '동생이'는 사동문에서는 부사어 '동생에게'로 바뀌었다. 따라서 주동문의 주어는 사동문의 부사어가 되었다는 설명은 옳다.

④ '하여금'은 '누구를 시키어'라는 뜻을 가진 부사이다. 즉 사동의 뜻을 가진 부사이다. 따라서 '동생에게'를 '동생으로 하여금'으로 바꾸어 쓸 수 있다.

03

정답 ②

교과(敎課 → 敎科): '교과(敎課: 가르칠 교, 시험할 과)'는 '교육의 내용'이라는 의미이다. '이런 교과'는 바로 앞 문장의 '철학, 과학, 역사' 등을 의미한다. 따라서 '가르치는 과목'을 의미하는 '교과(敎科: 가르칠 교, 과목 과)'로 적어야 한다.

오답 풀이

① 이해(理解: 다스릴 이(리), 풀 해): 1) 사리를 분별하여 해석함. 2) 깨달아 앎. 또는 잘 알아서 받아들임. 3) 남의 사정을 잘 헤아려 너그러이 받아들임.

③ 사유(思惟: 생각할 사, 생각할 유): 1) 대상을 두루 생각하는 일. 2) 사고(思考)

④ 양성(養成: 기를 양, 이룰 성): 1) 가르쳐서 유능한 사람을 길러 냄. 2) 실력이나 역량 따위를 길러서 발전시킴. 3) 주로 어패류를 보살펴 길러 냄.

04

정답 ②

고층 건물의 건설을 '못 하게 막으려' 하였다는 의미이다. 따라서 '막아서 못 하게 하다.'라는 의미의 '저지(沮止)하다'와 바꿔 쓸 수 있다.

※ 沮 막을 저 止 그칠 지

오답 풀이

① '저해(沮害)하다'는 '막아서 못 하도록 해치다.'라는 의미이다.
※ 沮 막을 저 害 해로울 해

③ '차단(遮斷)하다'는 '다른 것과의 관계나 접촉을 막거나 끊다.'라는 의미이다.
※ 遮 막을 차 斷 끊을 단

④ '억제(抑制)하다'는 '감정이나 욕망, 충동적 행동 따위를 내리눌러서 그치게 하다.'라는 의미이다.
※ 抑 누를 억 制 억제할 제

05

정답 ①

'젖히다'는 '뒤로 기울게 하다. / 안쪽이 겉으로 나오게 하다.'의 의미로, 이 문장에서 적절하게 사용되었다.

※ '제치다'는 '거치적거리지 않게 처리하다. / 일정한 대상이나 범위에서 빼다. / 경쟁 상대보다 우위에 서다. / 일을 미루다.' 등의 의미로 쓰인다.

오답 풀이

② 바쳐 → 받쳐: '어떤 일을 잘할 수 있도록 뒷받침해 주다.'의 의미로 쓸 때에는 '받치다'가 바른 표기이다. '바치다'는 '신이나 웃어른에게 정중하게 드리다. / 반드시 내거나 물어야 할 돈을 가져다주다.' 등의 의미로 쓰인다.

③ 깨우쳤다 → 깨쳤다: '일의 이치 따위를 깨달아 알다.'의 의미로 쓸 때에는 '깨치다'가 바른 표기이다. '깨우치다'는 '깨달아 알게 하다.'라는 의미이다.

④ 빌어서 → 빌려: '어떤 일을 하기 위해 기회를 이용하다.'의 의미로 쓸 때에는 '빌리다'를 쓴다. '빌다'는 '바라는 바를 이루게 하여 달라고 신이나 사람, 사물 따위에 간청하다. / 잘못을 용서하여 달라고 호소하다. / 생각한 대로 이루어지길 바라다.' 등의 의미로 쓰인다.

06

정답 ①

일반적으로 분명한 사실을 어떤 일에 대한 조건으로 말할 때 쓰는 연결어미 '-면'이 쓰인 이어진문장이다.

오답 풀이

②, ③, ④는 모두 안은문장이다.

② 부사절을 안은문장: 눈이 빠지도록 기다렸다.

③ 인용절을 안은문장: 우리는 인간이 존귀하다고 믿는다.

④ 관형절을 안은문장: 기온이 내려가는 겨울이 시작되었다.

07

정답 ①

'그리하여'는 앞의 내용이 뒤의 내용의 원인이거나 앞의 내용이 발전하여 뒤의 내용이 전개될 때 쓰는 접속 부사이므로, 〈보기〉의 앞에는 서로 내용상 연결되거나 〈보기〉의 원인이 되는 내용이 와야 한다. 그렇다면 "인류는 항상 생존을 위해 ~ 추구해 왔다."가 〈보기〉의 앞에 오는 것이 자연스럽다. 또한 ㉠ 뒤의 "이렇게 상상된 공간"이라는 말을 볼 때, ㉠에 '상상된 공간'에 대한 언급이 와야 한다. 따라서 〈보기〉가 들어갈 자리로 가장 적절한 곳은 ㉠이다.

08

정답 ③

'대피'의 '대'와 한자가 같은 것은 '대접'의 '대'이다.

- 대피(待避: 기다릴 대, 피할 피): 위험이나 피해를 입지 않도록 일시적으로 피함.
- 대접(待接: 기다릴 대, 접할 접): 1) 마땅한 예로써 대함. 2) 음식을 차려 접대함.

오답 풀이

① 대여(貸與: 빌릴 대, 더불 여): 물건이나 돈을 나중에 도로 돌려받기로 하고 얼마 동안 내어 줌.

② 대응(對應: 대답할 대, 응할 응): 1) 어떤 일이나 사태에 맞추어 태도나 행동을 취함. 2) 어떤 두 대상이 주어진 어떤 관계에 의하여 서로 짝이 되는 일.

④ 대리인(代理人: 대신할 대, 다스릴 리, 사람 인): 다른 사람을 대신하는 사람.

09

정답 ②

3연에서 어린 시절의 추억을 회상하고 있다.

오답 풀이

① 제시된 작품은 현대 시조이다. '시조'는 4음보이므로 3음보라는 설명은 옳지 않다.

③ 제시된 작품에서 '밤'은 '달'과 연결되어 '달밤'은 평화로웠던 과거를 회상하게 하고 세상을 정화시키는 기능을 한다. 더구나 '이 밤 더디 새소서.'를 볼 때, '밤'을 부정적인 현실 세계로 보기 어렵다.

④ 과거를 회상하는 내용을 볼 때, '과거'를 긍정하고 있는 것은 맞다. 그러나 '달빛'이 온 세상을 정화하고 있기에, '현재'를 어둡고 혼탁하게 보고 있지는 않다.

작품 정리

이호우, <달밤>

주제	평화롭고 아름다운 이상 세계에의 소망
특징	① 회고적 수법을 사용함. ② 선경 후정(先景後情)의 전개 구조를 지님.

10

정답 ②

㉠에 들어갈 말은 '미국이 필요에 따라 이용하다가 가치가 없으면 버린다.'에 해당되는 내용이다. 따라서 ㉠에는 달면 삼키고 쓰면 뱉는다는 뜻으로, '자신의 비위에 따라서 사리의 옳고 그름을 판단함'을 이르는 말인 '감탄고토(甘呑苦吐: 달 감, 삼킬 탄, 괴로울 고, 토할 토)'가 들어가는 것이 가장 적절하다. 밑줄이나 빈칸 문제는 앞과 뒤를 잘 살펴야 한다.

오답 풀이

① 득의양양(得意揚揚: 얻을 득, 뜻 의, 오를 양, 오를 양): 뜻한 바를 이루어 우쭐거리며 뽐냄.

③ 방약무인(傍若無人: 곁 방, 같을 약, 없을 무, 사람 인): 곁에 사람이 없는 것처럼 아무 거리낌 없이 함부로 말하고 행동하는 태도가 있음.

④ 아전인수(我田引水: 나 아, 밭 전, 끌 인, 물 수): 자기 논에 물 대기라는 뜻으로, 자기에게만 이롭게 되도록 생각하거나 행동함을 이르는 말

11

정답 ④

'여닫다'는 '열고 닫다'의 의미이다. 따라서 ㉠에 따르면 대등한 의미 관계로 결합하는 대등 합성어이다. 한편, 용언의 어간과 어간이 연결될 때, 연결 어미가 있는 것이 국어의 일반적인 배열 방식이다. 그런데 '여닫다'는 연결 어미 없이 바로 어간끼리 결합되어 있다. 따라서 ㉡에 따르면 비통사적 합성어이다.

오답 풀이

① '비빔밥'은 '비빔'이 '밥'을 수식하는 구조이고, '걸어가다'도 '걷다'가 '가다'를 수식하는 구조이다. 따라서 '비빔밥'과 '걸어가다'는 ㉠의 기준으로 볼 때, 모두 종속 합성어이다.

② '높푸르다'와 '보슬비'는 모두 비통사적 합성어이다. 용언의 어간과 어간이 연결될 때, 연결 어미가 있는 것이 국어의 일반적인 배열 방식이다. 따라서 연결 어미 없이 '높다'와 '푸르다'의 어간이 결합한 '높푸르다'는 비통사적 합성어이다. 한편, 체언을 수식하는 품사는 관형사이다. 부사가 체언을 수식하는 것은 국어의 일반적인 배열 방식이 아니다. 따라서 부사 '보슬'과 명사 '비'가 결합한 '보슬비'는 비통사적 합성어이다.

③ '덮밥'은 동사 '덮다'와 명사 '밥'이 결합한 말로 제3의 의미를 가지지는 않는다. '덮다'가 '밥'을 수식하는 구조이므로 종속 합성어이다. 한편, 용언이 체언을 수식할 때는 관형사형 전성 어미가 필요하다. '덮밥'의 경우 관형사형 전성 어미 없이 바로 어간 '덮-'이 '밥'을 수식하고 있는 구조이므로 비통사적 합성어이다.

12

정답 ③

'한길'은 '사람이나 차가 많이 다니는 넓은 길'이다. 따라서 '한길'의 '한-'은 '큰'의 의미를 더하는 접두사이다.

오답 풀이

① '한걱정'은 '큰 걱정'이다. 따라서 '한걱정'의 '한-'은 '큰'의 의미를 더하는 접두사라는 설명은 옳다.

② '한데'는 '사방, 상하를 덮거나 가리지 아니한 곳. 곧 집채의 바깥'이다. 따라서 '한데'의 '한-'은 '바깥'의 의미를 더하는 접두사라는 설명은 옳다.

④ '한겨울'은 '추위가 한창인 겨울'이다. 따라서 '한겨울'의 '한-'은 '한창인'의 의미를 더하는 접두사라는 설명은 옳다.

13
정답 ②

한국어는 알타이 어족과의 친족 관계를 가정하고 그것을 증명하는 단계에 있을 뿐이지 알타이 어족과의 친족 관계가 규명된 것은 아니다.

14
정답 ①

주어(나, 너, 우리, 사람들)의 생략은 일반적이다. 따라서 주어 '우리가' 또는 '내가'가 생략된 '당신한테 무슨 잘못을 했다고 이러시오?'는 자연스러운 문장이다.

오답 풀이

② '사람은(사람이) 남을 속이다.'는 어법에 맞다. 그런데 뒤의 문장의 서술어 '속다'는 '~가 ~에게 속다'의 형태로 쓰인다. 그러나 제시된 문장에는 '속다'의 부사어에 해당하는 '~에게'가 빠져 있다. 따라서 '하고'와 '속기도' 사이에 '누구에게'에 해당하는 부사어가 들어가야 한다.

③ '다녀오다'는 '~에 다녀오다' 또는 '~을(를) 다녀오다'처럼 부사어나 목적어가 있어야 완벽한 문장을 이룬다. 그런데 ③에는 '~에'나 '~을(를)'에 해당하는 문장 성분이 생략되어 있다. 따라서 '부모님께'와 '다녀와도' 사이에 '어디에'나 '무엇을'에 해당하는 문장 성분이 들어가야 한다.

④ 일반적으로 '하다'는 '~가 ~을 하다'의 두 자리 서술어로 쓰인다. 다만 제시된 문장에서는 열심히 하고 있는 것이 '무엇'인지가 빠져 있다. 따라서 '열심히'와 '하고' 사이에 '무엇을'에 해당하는 목적어가 들어가야 한다.

15
정답 ④

2문단의 "고추는 비타민C를 많이 함유하고 있어서"를 볼 때, '고추'가 비타민C를 많이 함유하고 있음을 알 수 있다. 그러나 '후추'도 비타민C를 많이 함유하고 있는지는 알 수가 없다. 따라서 비타민C 결핍증에 걸리기 쉬운 선원들에게 '후추' 섭취가 반드시 필요했는지 여부는 제시된 글을 통해 알 수가 없다. "고추는 ~ 긴 항해로 채소 섭취가 어려워 비타민C 결핍증에 걸리기 쉬운 선원에게 필수불가결한 식재료가 되었으며"를 볼 때, 비타민C 결핍증에 걸리기 쉬운 선원들이 반드시 섭취할 필요가 있었던 식물은 '후추'가 아니라 '고추'이다.

오답 풀이

① 2문단의 "후추는 열대 지방에서만 재배할 수 있는 반면, 고추는 온대 지방에서도 재배할 수 있다."를 볼 때, '후추'는 온대 지방에서는 재배할 수 없음을, '고추'는 열대 지방뿐만 아니라 온대 지방에서도 재배할 수 있음을 알 수 있다.

② 2문단의 "후추와 고추는 ~ 완전히 별개의 식물이다."를 통해 '후추'와 '고추'가 전혀 다른 식물임을 알 수 있다. 또 "후추의 톡 쏘는 매운맛과 고추의 불을 뿜는 듯한 매운맛은 전혀 다르다."를 통해 '후추'와 '고추'가 다른 매운맛이기는 하지만, 공통적으로 '매운맛'을 낸다는 특징이 있음을 알 수 있다.

③ 1문단의 "인도로 가는 것을 목표로 삼았던 콜럼버스가 자신이 도착한 곳을 인도로 착각했다는 일화는 유명하다. 이 때문에 아메리카 대륙에 있었던 원주민은 인도 사람이라는 의미로 '인디언'이라 불리게 되었으며"를 통해 '인디언'이라는 용어가 아메리카 대륙의 발견과 관련이 있음을 알 수 있다.

16
정답 ③

제시된 글은 행정의 효율성은 강화되고 공공성은 약화되는 현실에 대한 진단이 주된 내용이다. 글쓴이는 전통적인 행정이 여러 가지 문제점을 드러내기는 했지만, 그렇다고 민간의 시장 원리를 행정 영역에까지 무조건 적용시키는 것은 문제가 있다고 하였다. 국민에 대한 배려, 국민 주권에 대한 관심과 같은 공익과 공공성이 무시될 수 있으며, 서비스 이용 요금의 급등, 서비스의 질 하락 등의 문제가 발생할 가능성도 있다는 것이다. 이를 달리 표현하자면, 사용자 부담 원칙이 적용되는 민간의 시장 원리에 따라 행정이 이루어지면 공익을 추구하는 보편적인 행정 서비스 공급은 줄어들 수밖에 없다고 이해할 수 있다.

오답 풀이

① 글쓴이는 행정의 효율성과 공공성을 조정해 가는 유연한 태도가 필요하다고 하였다.

② 행정의 시장화로 인해 도덕성이 해이해질 가능성이 높은 것은 시민들이 아니라 경영 주체이다.

④ 시민을 소비의 주체인 경제인으로 설정하는 것은 행정의 효율성을 추구하려는 경영 주체의 인식이다. 따라서 그러한 경영 주체들의 생각에 따르면 이 경우 행정의 효율성은 강화된다고 볼 수 있다.

17
정답 ①

㉠ '다물다'는 '입술이나 그처럼 두 쪽으로 마주 보는 물건을 꼭 맞대다.'라는 의미이다. 따라서 반의어는 '열다(①)' 또는 '벌리다(②)'이다.

㉡ '(시간이) 줄다'는 '시간이나 기간이 짧아지다.'라는 의미이다. 따라서 반의어는 '늘다(①)'이다.

오답 풀이

③ '봉하다'는 '다물다'와 유의어 관계이고, '불어나다'는 의미상 '줄다'가 아닌 '줄어들다'와 반의어 관계가 될 수 있다.

④ '함구하다'는 '다물다'와, '감소하다'는 '줄다'와 유의어 관계이다.

18
정답 ②

제시된 글은 박인로의 <누항사>에 대한 설명이다.

오답 풀이

① 윤선도의 <견회요>는 귀양지에서 부모와 임금을 그리워하는 마음을 아름다운 우리말로 형상화한 전 5수의 연시조로, 부모에 대한 효심과 임금에 대한 충성심을 동일시했던 사대부의 의식이 잘 드러나 있다.

③ 권근의 <상대별곡>은 조선 태종 때에 창작한 '악장(경기체가)'이다. '상대별곡'의 '상대(霜臺)'는 '사헌부(司憲府)'의 별칭이다. 상대의 모습, 상대의 집무 광경, 일을 마친 뒤의 연회를 모두 5장에 걸쳐 노래했고 새 국가 문물제도의 훌륭함과 정연(整然)함을 칭송함으로써 조선 창업의 위대함을 과시한 노래이다.

④ 정학유의 <농가월령가>는 권농(농사를 장려함)을 주제로 농가에서 각 달에 해야 할 농사일과 세시 풍속, 지켜야 할 예의범절 등을 노래한 월령체 가사이다.

19

정답 ①

㉠과 ㉡의 '다리'는 의미적 관련성이 없다는 점에서 '동음이의 관계'이다. 이와 관계가 동일한 것은 ①이다. ㉠은 '빛이나 색채가 강렬하여 마주 보기가 어려운 상태에 있다.'라는 의미이고, ㉡은 '그릇 따위를 씻어 깨끗하게 하다.'라는 의미이다. 두 '부시다'는 의미적 관련성이 없다는 점에서 '동음이의 관계'이다.

오답 풀이

①을 제외한 나머지는 모두 '다의 관계'이다.

20

정답 ④

'옛날이야기(명사)', '들려주다(동사)', '하고많다(형용사)'는 모두 한 단어이다. 따라서 이 단어들을 붙여 쓴 ④의 띄어쓰기는 모두 바르다.

오답 풀이

① 한달 → 한∨달: '한(관형사)'과 '달(의존 명사)'은 각각의 단어이다. 따라서 띄어 써야 한다. 한편, '김∨군'의 '군'은 의존 명사이므로 '김'과 '군'을 띄어 쓴 것은 옳다.

② 십∨여∨분 → 십여∨분: '-여'는 '그 수를 넘음'의 뜻을 더하는 접미사이다. 따라서 '십'과 붙여 써야 한다. 한편, '바른말(명사)'은 한 단어이므로 붙여 쓴 것은 옳다.

③ 뜻∨밖에도 → 뜻밖에도: '뜻밖에'는 한 단어(부사)이다. 따라서 붙여 써야 한다. 한편, '-ㄴ커녕'은 조사이다. 따라서 '고마워하긴커녕'으로 붙여 쓴 것은 옳다.

21

정답 ④

조그맣니 → 조그마니: '-으니'가 결합하면 어간의 'ㅎ'이 탈락하고 어미의 '으'도 탈락하여 '조그마니'라고 활용해야 한다.

오답 풀이

① '동그랗-'에 '-네'가 결합하는 경우에는 'ㅎ'이 탈락하는 활용형인 '동그라네'와 탈락하지 않는 활용형인 '동그랗네'를 모두 표준형으로 인정한다.

② '허옇-'에 '-네'가 결합하는 경우에는 'ㅎ'이 탈락하는 활용형인 '허여네'와 탈락하지 않는 활용형인 '허옇네'를 모두 표준형으로 인정한다.

③ '커다랗-'에 '-아서'가 결합하면 'ㅎ'이 탈락하고 '-아서'가 '-애서'로 나타나 '커다래서'로 활용한다.

22

정답 ①

제시된 글에서 '중력렌즈 현상'은 빛의 산란 때문에 생기는 것이 아니라, 중력에 의한 시공간의 왜곡 때문에 발생한다고 하였다.

오답 풀이

② 1문단의 "렌즈를 통해 물체를 보면 그 물체가 확대, 축소, 변형되고 경우에 따라서는 하나의 물체를 여러 개로 보여주기도 합니다." 부분을 통해 알 수 있다.

③ 3문단의 "과학자들은 이런 중력렌즈 현상을 이용하여 빛을 내지 않는 천체들의 존재를 관측하고 있습니다." 부분을 통해 알 수 있다.

④ 2문단의 "빛은 직진하는데 공간이 굴절되어 있어서 빛이 굴절되는 것처럼 보일 뿐인 거죠." 부분을 통해 알 수 있다.

23

정답 ③

제시된 글은 '옛것을 모방하는 것을 부끄러워할 줄 모르는 상황'을 왕망과 양화에, 새것을 창안하는 것을 두려워할 줄 모르는 상황을 임기응변의 조치와 유행가에 비유하여(의미상 '마치 ~과 같다') 공통점을 드러내고 있다. '유추'는 확장된 비유를 통한 추리 방식으로 1:1, 공통점, 다른 범주의 특징을 갖는다. 따라서 제시된 글의 주된 전개 방식은 '유추'이다.

24

정답 ④

㉠은 '의도 확대의 오류', ㉡은 '흑백논리의 오류', ㉢은 '논점 일탈의 오류', ㉣은 '복합 질문의 오류'에 대한 설명이다. 설명과 예시의 연결이 바른 것은 ④이다. 하나의 질문처럼 보이지만, 질문은 '당신이 돈을 훔쳤다.' 그리고 '그 돈을 유흥비로 탕진했다.'의 두 가지 내용을 포함하고 있어서 긍정으로 대답하든 부정으로 대답하든 '돈을 훔쳤다'는 사실을 인정하게 된다.

오답 풀이

① '성공한 사람'과 '실패한 사람' 딱 두 가지 원소밖에 없다고 생각하고 있기 때문에, ㉡에 대한 예시이다.

② 복도에서 뛰는 것과 공부하는 것은 전혀 관계가 없다. 따라서 ㉢에 대한 예시이다.

③ 다른 친구들이 선생님께 혼나는 것을 알고 일부러 지각을 했다고 판단하고 있다. 즉 지각한 아이의 '의도'를 확대하여 해석하고 있다. 따라서 ㉠에 대한 예시이다.

25

정답 ④

〈보기〉는 특정 산업과 관련된 산업이 한 지역에 모여 있을 때의 경쟁력에 대한 내용이다. 따라서 핵심 인력이 특정 장소에 모여 그 지역을 중심으로 개발과 혁신이 이루어지고 있다는 내용 뒤인 ㉣에 위치하는 것이 가장 자연스럽다.

제1회 ~ 제5회 실전모의고사

군무원 공개경쟁채용 필기시험

제1과목	국어	제2과목	
제3과목		제4과목	

응시번호		성　　명	

〈응시자 준수사항〉

1. 답안지의 모든 기재 및 표기사항은 반드시 『컴퓨터용 흑색사인펜』으로만 작성하여야 합니다. (사인펜에 "컴퓨터용"으로 표시되어 있음) (사인펜 본인 지참)
   * 매년 지정된 펜을 사용하지 않아 답안지가 무효처리 되는 상황이 빈발하고 있으므로, 답안지는 반드시 『컴퓨터용 흑색사인펜』으로만 표기하시기 바랍니다.

2. 답안은 매 문항마다 반드시 하나의 답만 골라 그 숫자에 "●"로 표기해야 하며, 표기한 내용은 수정테이프를 이용하여 정정할 수 있습니다. 단, 시험시행본부에서 수정테이프를 제공하지 않습니다.
   (표기한 부분을 긁는 경우 오답처리 될 수 있으며, 수정스티커 또는 수정액은 사용 불가)
   * 답안지는 훼손·오염되거나 구겨지지 않도록 주의해야 하며, 특히 답안지 상단의 타이밍마크(▌▌▌▌▌)를 절대로 훼손해서는 안 됩니다.

3. 필기시험 문제 관련 의견제시 기간: ○○. ○○. ○○.(×) ~ ○○. ○○.(×) / 5일간
   * 국방부 군무원채용관리홈페이지(http://recruit.mnd.go.kr) – 시험안내 – 시험문고답하기

해커스군무원

제1회 실전모의고사

문 1. 다음 글의 제목으로 가장 적절한 것은?

바흐는 '경건한 종교음악가'로서 천직을 다하기 위한 이상적인 장소를 라이프치히라고 생각하여 27년 동안 그곳에서 열심히 칸타타를 써 나갔다고 알려져 있다. 그러나 실은 7년째에 라이프치히의 교회의 음악 감독직으로는 가정을 꾸리기에 수입이 충분하지 못해서 다른 일을 하기도 했고 다른 궁정에 자리를 알아보기도 했다. 그것이 계기가 되어 칸타타를 쓰지 않게 되었다는 사실이 최근의 연구에서 밝혀졌다. 또한 모차르트의 경우에는 비극적으로 막을 내린 35년이라는 짧은 생애에 걸맞게 '하늘이 이 위대한 작곡가의 죽음을 비통해하듯' 천둥 치고 진눈깨비 흩날리는 가운데 장례식이 행해졌고 그 때문에 그의 묘지는 행방을 알 수 없게 되었다고 했다. 그러나 그 후 이러한 이야기는 빈 기상대에 남아있는 기상 자료와 일치하지 않는다는 사실도 밝혀졌다. 게다가 만년에 엄습해 온 빈곤에도 불구하고 다수의 걸작을 남기고 세상을 떠난 모차르트가 실제로는 그 정도로 수입이 적지 않았다는 사실이 드러나, 최근에는 도박벽으로 인한 빈곤설을 주장하는 학자까지 등장하게 되었다.

① 음악가들의 쓸쓸한 최후
② 미화된 음악가들의 삶과 그 진실
③ 위대한 음악가들을 괴롭힌 낭설(浪說)
④ 음악가들의 명성에 가려진 빈곤한 생활

문 2. ㉠에 들어갈 말로 가장 적절한 것은?

사투리라고 불리는 지역 방언은 지리적으로 떨어져 있어 오랜 시간이 흐르면서 지역에 따라 달라진 말이다. 그런데 이런 지역 방언에 관해 오해하는 사람들이 종종 있다. 표준어만 사용해도 의사소통에 지장이 없으니 지역 방언은 가치가 없다고 생각하는 것이다.

지역 방언에는 표준어에서는 찾아볼 수 없는 국어의 옛 형태가 존재한다. 중세 국어 시기에 존재했다고 판단되는 성조의 흔적이 영남 방언에 남아 있다는 것이 그런 사례다. 17세기에 그 음가가 소실되었다고 하는 '아래아(·)'도 제주도 방언에 남아 있으며, 영남과 호남 방언에서도 그 흔적을 일부 찾을 수 있다.

지역 방언을 통해 지역의 역사도 추론해 낼 수 있다. 지리적으로 가까운 두 지역이 방언에서 차이를 보인다면 역사적으로 다른 나라에 속했을 것이라고 추측할 수 있다. 반면 지리적으로 먼 방언들에서 유사한 점이 보인다면 [㉠]으로 추측해 볼 수 있다.

① 과거에는 모든 대륙이 하나였을 것
② 먼 옛날에 주민 이동의 역사가 있었을 것
③ 미래에는 두 지역이 하나의 언어권으로 통합될 것
④ 과거에는 사용할 수 있는 언어가 한정되어 있었을 것

문 3. 다음 밑줄 친 한자의 쓰임이 적절하지 않은 것은?
① 전쟁은 많은 문화재의 소실을 惹起했다.
② 폭설로 등반 일정을 일주일 順延하였다.
③ 목격자의 出演으로 수사는 급진전되었다.
④ 그는 들은 이야기를 潤色해서 들려주었다.

문 4. 띄어쓰기가 옳지 않은 것은?
① 하던∨일이나마저∨끝내라.
② 환자에게∨밥을∨먹여∨주었다.
③ 여기에∨온∨건∨내가∨먼저이다.
④ 그∨일은∨김일∨씨가∨맡기로∨했네.

문 5. 표준어로만 이루어진 문장을 <보기>에서 모두 고르면?

<보기>
㉠ 잘못한 사람이 되레 큰소리를 친다.
㉡ 어느 땐가 절망 속에 헤매이던 시절이 있었다.
㉢ 이번 여름은 후텁지근한 날이 많아 견디기 어렵다.
㉣ 아주머니는 부엌에서 갖가지 양념을 뒤어내고 있었다.

① ㉠, ㉢ ② ㉡, ㉣
③ ㉠, ㉡, ㉢ ④ ㉡, ㉢, ㉣

문 6. <보기>에 대한 설명으로 가장 적절하지 않은 것은?

<보기>
나의 꿈이 물거품이 되었다.

① '꿈이'가 문장에서 주체가 되는 주어 역할을 한다.
② '나의'는 문장에서 생략해도 어법상 문제가 없는 수의적 성분이다.
③ '물거품' 앞에 '많은'이라는 관형어를 넣어도 서술어 자릿수는 그대로이다.
④ '물거품이'를 '물거품으로'로 바꾸면, '되다'는 두 자리 서술어에서 한 자리 서술어가 된다.

문 7. ㉠과 ㉡에 어울리는 한자어를 바르게 연결한 것은?

> 학교에서의 교육은 어느 정도의 강제성을 띠면서 개인의 행동을 ㉠ 하여 바람직한 방향으로 유도하며, 사회적 통합을 ㉡ 하는 태도를 길러 준다.

	㉠	㉡
①	抑制	止揚
②	抑制	志向
③	統制	止揚
④	統制	志向

문 8. ㉠과 동음이의 관계가 아닌 것은?

> <보기>
> 아이가 감기가 ㉠ 들어 요즘 병원에 다닌다.

① 기다리지 말고 먼저 저녁 들게나.
② 낫이 안 들어 벼를 베는 데 힘이 든다.
③ 시원한 바람이 불어 땀이 금방 들었다.
④ 그는 자꾸 잡념이 들어서 괴롭다고 한다.

문 9. <보기> 중 외래어 표기가 올바른 것은 모두 몇 개인가?

<보기>			
싱가포르	캐러멜	드라이크리닝	배터리
콘텐츠	바비큐	코메디	메카니즘

① 4개 ② 5개
③ 6개 ④ 7개

문 10. 한자 성어의 의미가 적절하게 쓰이지 않은 것은?
① 針小棒大: 작은 일을 크게 부풀려서 말함.
② 得隴望蜀: 만족할 줄을 모르고 계속 욕심을 부림.
③ 指鹿爲馬: 윗사람을 농락하여 권세를 마음대로 함.
④ 見蚊拔劍: 남의 학식이나 재주가 놀랄 만큼 부쩍 늚.

문 11. 다음 대화에서 A가 범한 어법 사용의 오류와 가장 유사한 것은?

> A: 이리 와, 너도 같이 야구 보자.
> B: 시작했어?
> A: 응, 우리 팀이 3회 말에 한 점을 먼저 선취하여 지금 이기고 있는 상태야.
> B: 우와, 신난다.

① 있지, 내 사과를 받아 줄래?
② 다음은 사장님의 말씀이 계시겠습니다.
③ 이번에 새로 오신 선생님은 고양이 같다.
④ 자동차가 뒤로 후진하다가 벽을 치고 말았다.

문 12. 다음 글에 대한 설명으로 가장 적절한 것은?

> (가) 산불은 입산자들의 실화, 인근 주민의 쓰레기 소각 등 인위적 요인에 의해 발생하는 경우가 많지만 낙뢰, 나무들 간의 마찰 등 자연적 요인으로 발생하기도 한다. 대부분 산불의 피해는 작은 불씨가 큰 산불로 확산되어 발생한다. 산불을 확산시키는 요인에는 바람과 지형도 있지만 산림의 종류도 있다. 우리나라 산림은 소나무 중심의 침엽수림의 비율이 높다. 침엽수는 활엽수와 달리 겨울과 봄에도 잎이 가지에 붙어 있다. 따라서 산불이 발생하면 지상에서 낙엽을 태우던 불이 가지와 잎을 타고 윗부분까지 번진다. 이러한 수관화가 발생하면 산불이 빠르게 확산되어 대형 산불로 이어진다.
> (나) 산불의 확산을 막을 수 있는 방법 중의 하나로 숲 가꾸기를 들 수 있다. 낙엽을 긁어내는 것, 낮은 위치의 나뭇가지를 쳐내는 것, 생장이 나쁜 나무를 솎아 내어 큰 나무 사이의 간격을 넓히는 것 등은 산불의 확산을 막을 수 있는 숲 가꾸기의 방법이다. 또한 내화 수림대를 조성하여 산불의 확산 속도와 강도를 낮추는 방법도 있다. 내화 수림대는 침엽수에 비해 상대적으로 산불에 잘 버티는 활엽수를 띠 형태로 심어 조성한 숲이다. 내화 수림대를 조성하면, 수관화로 번져 오던 산불이 내화 수림대에 막혀 더 이상 확산되지 못하고 산불의 강도가 현저히 떨어지게 된다.

① (가): 사물에 빗대는 방식으로 수관화의 개념을 설명한다.
② (가): 통념을 반박하는 방식으로 산불의 발생 원인을 제시한다.
③ (나): 정보를 나열하는 방식으로 숲 가꾸기 방법을 제시한다.
④ (나): 대비의 방식으로 산불 확산을 해결하는 방안의 장단점을 분석한다.

※ 다음 작품을 읽고 물음에 답하시오. [13 ~ 14]

> 내 너무 ㉠ 별을 쳐다보아
> 별들은 더럽혀지지 않았을까.
>
> 내 너무 하늘을 쳐다보아
> 하늘은 더럽혀지지 않았을까.
>
> 별아, 어찌하랴.
> 이 세상 무엇을 쳐다보리.
>
> 흔들리며 흔들리며 걸어가던 거리
> 엉망으로 술에 취해 쓰러지던 골목에서
>
> 바라보면 너 눈물 같은 빛남
> 가슴 어지러움 황홀히 헹구어 비치는
>
> 이 찬란함마저 가질 수 없다면
> 나는 무엇으로 가난하랴.
>
> - 이성선, <별을 보며>

문 13. 위 시의 화자에 대한 설명으로 적절하지 않은 것은?

① 대상으로부터 위안을 얻는 시적 화자의 모습이 나타나고 있군.
② 시적 화자는 대상이 되는 자연물을 의인화하여 친근감 있게 표현하고 있군.
③ 시적 화자는 가난한 처지임에도 내적 갈등을 겪지 않는 의연함을 보이고 있군.
④ 대상에 대한 시적 화자의 태도로 볼 때 시적 화자는 순결한 삶을 추구하는 사람이군.

문 14. 밑줄 친 단어 중 ㉠을 대하는 시적 화자의 정서와 가장 유사한 것은?

① 뼈에 저리도록 생활은 슬퍼도 좋다. / 저문 들길에 서서 <u>푸른 별</u>을 바라보자! // 푸른 별을 바라보는 것은 하늘 아래 사는 거룩한 나의 일과이거니…….
- 신석정, <들길에 서서>

② 그러나, 겨울이 지나고 나의 <u>별</u>에도 봄이 오면, / 무덤 위에 파란 잔디가 피어나듯이 / 내 이름자 묻힌 언덕 위에도 / 자랑처럼 풀이 무성할 거외다.
- 윤동주, <별 헤는 밤>

③ 저 입술을 깨물며 빛나는 별 / 새벽 거리를 저미는 저 별 / 녹아 마음에 스미다가 / 파르륵 떨리면 / 나는 이미 감옥을 한 채 삼켰구나 // 유일한 문밖인 저 <u>별</u>
- 장석남, <별의 감옥>

④ 이제 눈 감아도 오히려 / 꽃다운 하늘이거니 / 내 영혼의 촛불로 / 어둠 속에 나래 떨던 <u>샛별</u>아 숨으라 // 환희 트이는 이마 우 / 떠오르는 햇살은 / 시월 상달의 꿈과 같고나
- 조지훈, <산상(山上)의 노래>

문 15. 관용어의 쓰임이 적절하지 않은 것은?

① 저희 집을 방문하신다면 <u>손을 나누고</u> 반기겠습니다.
② 허름하던 지붕이 아버지의 <u>손을 거치자</u> 아주 말끔해졌다.
③ 이것으로 <u>손이 떨어진</u> 줄 알았는데 또 다른 일이 아직 남아 있다.
④ 농부들이 모내기를 하다가 갑작스레 내리는 비 때문에 <u>손을 놓았다</u>.

문 16. 다음 글의 (   )에 들어갈 말로 적절하지 않은 것은?

> 조선 초기에는 (①) 정신을 기르기 위하여 전부터 이어 오던 석전이라고 부르는 돌팔매 놀이를 자주 거행하였으며 국왕도 이를 관전할 정도였다. 그러나 뒤에는 이 행사로 말미암아 사상자가 (②)하여 국법으로 이를 금지하였으나 민간 풍습으로 계속 이어졌다. 양반 사족들은 향도계, 동린계 등의 (③) 생활문화 조직들을 음사라 하여 금지하였지만 대다수의 농민들은 자신들의 생활 풍습을 지키려고 노력하였다. 이 행사는 남녀노소를 막론하고 며칠 동안 노래로 즐기는 일종의 마을 축제였는데 점차 장례를 도와주는 기능으로 (④)되어 갔다. 상여를 메는 사람인 상두꾼이 향도에서 유래된 것은 그 좋은 예이다.

① 상무　　② 속출
③ 이질적인　　④ 전환

문 17. 밑줄 친 합성어가 ㉠ ~ ㉣에 해당하는 예로 가장 적절한 것은?

> 두 개 이상의 어근으로 이루어진 낱말을 합성어라고 한다. 어근의 결합 과정에서 ㉠ <u>어근들이 대등하게 본래의 뜻을 유지하는 유형</u>이 있고, ㉡ <u>한쪽의 어근이 다른 한쪽의 어근을 수식하는 유형</u>이 있고, ㉢ <u>어근들이 하나로 합치면서 제3의 의미를 나타내는 유형</u>이 있다. 이런 합성 과정에서 음운이 탈락하거나 첨가되는 경우, ㉣ <u>음운이 바뀌는 경우</u>도 살펴볼 수 있다.

① ㉠: 그가 평소 자식처럼 아끼고 <u>손발</u>처럼 부리던 사람이 크게 다쳤다.
② ㉡: 우리가 탄 배는 <u>검푸른</u> 물살을 가르며 서서히 항구를 떠나 출발했다.
③ ㉢: 나는 <u>춘추</u>로 1년에 두 번씩은 고향에 어머니를 뵈러 가곤 한다.
④ ㉣: 그는 밤새 끙끙 앓다가 <u>이튿날</u>에 하는 수 없이 다시 회사에 출근하였다.

문 18. (가) ~ (라)를 문맥에 맞는 순서대로 나열한 것은?

(가) 11세기 소의 방광에 바람을 넣어 차기 시작한 초기 축구는 골라인 사이의 간격이 1.6km 정도 되는 도시의 큰길에서, 200 ~ 300여 명의 선수가 몰려다니는 형태였다.
(나) 그러나 당시에는 축구팀들 각자가 자신들만의 규칙과 방법을 가지고 있었기 때문에 경기 시작 전 규칙을 통일해야 했다.
(다) 그러던 중 1862년 최초로 경기 규칙이 정해졌고, 1863년 영국 축구 연맹이 결성되어 이때부터 규칙에 따르는 축구가 시작되었다.
(라) 그러다가 20세기 이후 미디어를 통한 스포츠 중계가 활성화되면서 프로 스포츠가 각광을 받게 되고 스포츠 스타가 탄생하면서 축구는 관람하는 문화로 정착되었다.

① (가) - (나) - (다) - (라)
② (가) - (나) - (라) - (다)
③ (가) - (다) - (나) - (라)
④ (가) - (다) - (라) - (나)

문 19. (가)와 (나)의 공통점으로 가장 적절한 것은?

(가) 백설(白雪)이 ᄌᆞ자진 골에 구루미 머흐레라.
반가온 매화(梅花)ᄂᆞᆫ 어ᄂᆡ 곳에 픠엿ᄂᆞᆫ고.
석양(夕陽)에 홀로 셔 이셔 갈 곳 몰라 ᄒᆞ노라.
- 이색

(나) 가노라 삼각산(三角山)아, 다시 보자 한강수(漢江水)야.
고국산천(故國山川)을 떠나고쟈 하랴마ᄂᆞᆫ,
시절(時節)이 하 수상(殊常)하니 올동 말동 ᄒᆞ여라.
- 김상헌

① 영탄의 어조로 시적 화자의 시적 정서를 강조하고 있다.
② 대구의 방식을 활용하여 일정한 리듬감을 드러내고 있다.
③ 계절감이 드러나는 시어를 활용하여 시상을 전개하고 있다.
④ 대상을 의인화하여 화자의 정서를 효과적으로 제시하고 있다.

문 20. 다음 글로부터 알 수 있는 사실이 아닌 것은?

요즘 들어 영화관에서 만화 영화를 상영하는 경우가 늘었다. 만화 영화라면 역시 디즈니사의 영화를 꼽을 수 있다. 디즈니사의 영화들은 어린이에게 적합한 영화로 인식되는 것을 넘어, 청소년들과 성인들에게 삭막해져 가는 현재의 삶을 위로할 대중 매체로서 자리 잡고 있다. 많은 성인들이 단순히 어린이에게 보여 주기 위해서만이 아니라 자신들이 그것을 보기 위해 극장을 가거나 OTT를 통해 본다. 물론 디즈니의 영화들이 우리에게 꿈을 안겨 주고 기쁨을 준다는 점에는 이론(異論)의 여지가 없다. 하지만 어떤 꿈을 안겨 주는지, 영화를 보고 난 기쁨은 어디로 귀결되는지에 대해서는 이론(異論)의 여지가 있을 수 있다.

많은 사람들은 청소년들이 일본 만화 영화의 선정성과 폭력성을 모방했을 경우에 발생할 수 있는 문제점에 대해 지적한다. 그런 점에 비추어 볼 때, 디즈니의 영화는 그다지 폭력적이지 않다. 그러나 폭력을 유발하는 요인과 폭력이 용인되는 방식을 구체적으로 살펴본다면 문제는 달라진다. 디즈니의 영화가 표면적으로는 덜 폭력적일지 몰라도, 심층적 의미에서 볼 때는 그렇지 않다. 이는 폭력성의 원천이 되고 있는 자본주의의 경쟁 구조가 낳는 폐해를 묵시적으로 옹호하며, 그것들을 일상적 삶에서 당연한 것으로 받아들이게 한다는 점에서 지극히 폭력적인 것이다.

몇 년 전 디즈니 만화 영화의 첫 흥행작인 '인어공주'는 안데르센의 원작을 뒤집어 해피엔딩으로 만들어서 화제가 된 적이 있었다. 어릴 적 안데르센의 동화를 읽고 인어공주의 죽음에 대해 슬퍼하지 않은 사람들은 거의 없을 것이다. 그래서 누구나 인어공주가 죽지 않는 줄거리로 된 어떤 문화 상품을 보고 싶다는 욕구를 가졌을 것이다. 월트 디즈니사가 이 영화를 해피엔딩으로 끝낸 것은 이러한 대중들의 욕구를 간파한 고도의 판매 전략에 기초하고 있다.

디즈니사는 현대 대중들의 욕구를 끊임없이 재창출해 내기 위해 인어공주의 욕망을 실현하는 것으로 원작을 개작하였다. 즉 인어공주가 인간이 되고 싶어 하는 이유는 더 많은 것을 가지고 싶은 욕구, 더 많은 지식에 대한 욕구의 발로인 것이다. 대중들은 디즈니의 만화 영화를 통해 자신의 욕망을 대리 충족시켰다. 결국 대중들은 옛날에 읽었던 동화를 추억하기 위해 이 영화를 보러 간 것이 아니라, 자신의 욕구를 해소하기 위해 기꺼이 인어공주의 영화표를 끊게 된 것이고, 그 결과 점차 자본주의의 폐해에 무감각해지게 되는 것이다.

① 만화 영화는 인간의 삶을 위로해 주는 역할을 한다.
② 만화 영화의 선정성은 인간의 심성에 부정적인 영향을 준다.
③ 심층적으로 볼 때 일본 영화보다 디즈니 영화가 더 선정적이다.
④ 인어공주의 해피엔딩은 자본주의의 경쟁 구조를 옹호하는 면이 있다.

문 21. 다음 글의 내용에 대한 이해로 가장 적절하지 않은 것은?

"하늘이 맑다"라는 문장과 "바다가 푸르다"라는 문장에서 '이'와 '가'는 주격 조사이다. 이 둘은 앞의 체언이 자음으로 끝날 때는 '이'가 쓰이고 모음으로 끝날 때는 '가'가 쓰인다는 점에서 차이가 날 뿐 똑같은 문법적 기능을 한다. 말하자면 우리말에서 '이'와 '가'는 동일한 형태소로서 한쪽을 '주된 형태', 다른 쪽을 '변이 형태(또는 이형태)'라고 부른다.

주된 형태와 변이 형태를 판별하는 것이 쉽지만은 않다. 주격 조사 '이'와 '가'의 경우도 그렇다. 역사적으로 한국어의 주격 조사는 '이'였고 '가'가 등장한 것은 몇백 년 안 되니 '이'를 주된 형태로 삼을 수도 있겠지만, 공시적으로 보면 모음으로 끝나는 체언 뒤에 붙는 '가'를 주된 형태로 볼 수도 있기 때문이다. 이와 달리 자연스러운 논리를 기준으로 판별하는 경우도 있다. '손을 젓다'에서 '젓다'와 같은 동사는 주된 형태가 /젓/인데 뒤에 모음이 오면 'ㅅ'이 탈락하여 /저/가 된다고 설명하는 것이 그 예이다.

변이 형태는 그것이 나타나는 조건에 따라 음운론적 변이 형태, 형태론적 변이 형태, 자유 변이 형태로 나뉜다. 음운론적 변이 형태는 앞뒤의 음운 환경에 따라 결정되는 변이 형태이다. '쫓아', '쫓노라', '쫓고' 같은 말에서 세 '쫓-'은 현상적으로 모두 동일한 모양을 취하고 있지만 다 변이 형태들이다. 첫 번째는 /쪼차/, 두 번째는 /쫀노라/, 세 번째는 /쫃꼬/로 발음된다.

형태론적 변이 형태는 한 형태소가 다른 특정한 형태소와 어울릴 때 나타나는 변이 형태다. 일인칭 대명사 '나'는 주격 조사 '가' 앞에서는 /내/라는 변이 형태를 취하고, 이인칭 대명사 '너' 역시 주격 조사 '가' 앞에서는 /네/라는 변이 형태를 취한다. 일인칭 겸양 대명사 '저'도 주격 조사 '가' 앞에서 /제/라는 변이 형태를 취한다.

음운론적 변이 형태와 형태론적 변이 형태는 일정한 환경에서 배타적으로 나타나지만 자유 변이 형태는 임의로 교체할 수 있다. '외다'와 '외우다'는 둘 다 표준어로 인정되어 서로 뒤바꿀 수 있는데, 이때 '외-'와 '외우-'는 자유 변이 형태가 되어 '(시를) 외고'나 '(시를) 외우고' 모두 가능한 형태가 된다. 또 자유 변이 형태는 제로 형태를 포함시킨다. 예컨대, "나, 너를 사랑해"라는 말과 "나, 너 사랑해"라는 말은 아무런 의미의 변화 없이 서로 뒤바꿀 수 있다. 그렇다면 목적격 조사 '를'은 자유 변이 형태로 제로를 가지고 있는 셈이 된다.

① '젓다'의 /젓/이 주된 형태이고 '저어'의 /저/는 변이 형태이다.
② 주격 조사 '이'와 '가' 중 어느 것이 주된 형태인지는 명확하지 않다.
③ 음운론적 변이 형태와 형태론적 변이 형태는 일정한 환경에서 같이 나타난다.
④ 변이 형태가 나타나는 조건을 기준으로 하면 변이 형태를 세 가지로 분류할 수 있다.

문 22. 다음 <보기>를 참고할 때, 제시된 <조건>에 가장 알맞게 주장한 것은?

<보기>

정보 통신의 발달로 세계는 바야흐로 지구촌 시대로 접어들었다. 지구촌 시대에는 정보의 대부분이 다국적 정보 통신망을 통해 교류되고 있는데, 여기서 사용하는 언어는 영어이다. 미국이 세계화를 주도하면서 모든 분야의 의사소통에 영어가 중심이 된 것이다. 이런 점에서 영어의 공용어화는 더 이상 미룰 일이 아니다.

<조건>

○ 상대방의 의견을 일부 인정할 것
○ 상대방의 의견에 반대하는 입장을 밝힐 것
○ 의문형으로 첫 문장을 시작할 것

① 세계화에 발맞춰 한국이 더 높은 위치로 올라가기 위해서는 영어 공용화가 반드시 필요하다. 이미 지금 세계는 영어를 중심으로 돌아가고 있고, 어떤 일을 진행하려면 의사소통이 기본이다. 따라서 영어를 공용어로 지정해 세계의 움직임에 따라 성장을 준비해야 한다.
② 지금의 모습이 되기까지 우리는 어떠한 시간을 보냈는가. 한국은 격동의 역사를 겪으며 이 자리까지 왔다. 오늘날 한국의 위상을 지킬 수 있었던 것은 그 중심에 한국어가 있었기 때문이다. 세계화가 되면서 영어의 유입으로 한국어의 자리가 위태로워지고 있다. 우리는 한국어를 지켜야 한다.
③ 언어란 무엇인가. 언어는 의사소통 수단이기도 하지만 한 나라의 정체성을 보여 준다. 인터넷과 SNS의 발달로 세계에서 공용으로 사용하는 영어의 중요성이 높아진 것은 인정한다. 하지만 그렇다고 해서 영어를 공용어화한다면 한국의 정체성이 흔들릴 것이다. 따라서 영어의 공용어화는 지양해야 한다.
④ 전 세계에서 인정하는 한국어는 얼마나 위대한 언어인가. 따라서 우리는 우리의 언어를 보존하고 소중히 여겨야 한다. 하지만 지구상에서 오로지 한국 혼자서만은 살아갈 수 없다. 다른 국가와 교류하며 함께 성장해야 한다. 그러려면 세계 공용어로 사용되고 있는 영어의 교육이 필요하다. 즉 영어를 외국어로 분류할 것이 아니라 공용어화해서 한국어와 함께 교육해야 한다.

문 23. 다음 글에 대한 이해 및 추론으로 적절하지 않은 것은?

> 독일 구성주의 심리학자 빌헬름 분트는 물질이 원소로 구성되어 있듯이 인간의 정신 또한 어떤 구성요소로 구성되어 있다고 보았다. 그러나 분트의 이러한 '구성주의 심리학'에 반기를 든 '행동주의 심리학'이 등장하였다. 행동주의 심리학의 포문을 연 존 왓슨은 실험에서 심리적 요소를 제거했다. 그는 분트와 달리 심리 실험을 해석하는 데 있어 의식을 배제하고 객관적으로 보이는 자극과 반응만으로 해석해야 한다고 주장했다.
>
> 스키너는 의식의 배제에 대한 왓슨의 행동주의에 쏟아진 비판을 정면으로 돌파하며 더 급진적인 행동주의로 나아갔다. 스키너는 의식의 존재는 인정하지만 의식은 결코 연구 대상이 아니라고 주장하면서 의식에 대한 연구 대신 유기체의 능동적 조건반응을 내세웠다. 스키너는 스키너의 상자(Skinner Box) 실험을 통해 동물이 레버를 조작하면 먹이가 하나씩 나오게 하여 실험이 반복되면 동물이 적극적으로 레버를 이용해 먹이를 먹을 수 있음을 증명해 냈다. 스키너는 이런 능동적 조건반응을 '조작적 조건형성'으로 명명했다. 그는 의식에 대한 논란을 행동주의답게 음식이라는 강화물에 대한 강화행동으로, 즉 또 다른 행동으로 바꾸어 보여준 것이다.
>
> 분트 심리학에 대한 불만으로 독일 심리학자들은 게슈탈트 심리학을 수립하였다. 게슈탈트 심리학자인 베르트하이머는 수직 광선 두 개를 빠른 속도로 투사하면 하나의 선으로 보이고, 느린 속도로 투사하면 정지된 두 개의 광선으로 보이는 현상을 발견했다. 그는 이 현상이 완벽을 추구하는 지각 구조에 기인한다고 주장했다.

① 존 왓슨은 실험에서 심리적 요소를 배제하고 자극과 반응만으로 실험을 해석해야 한다고 주장했다.

② 분트 심리학에 불만을 가진 게슈탈트 심리학은 왓슨과 마찬가지로 실험에서 심리적 요소를 제거했다.

③ 스키너에 따르면, '스키너의 상자 실험'에서 강화물은 먹이, 강화행동은 레버를 조작하는 것이다.

④ 베르트하이머에 따르면, 4개의 정사각형을 빠르게 운동시켰을 때 하나의 큰 정사각형으로 보이는 현상은 지각 구조가 완전함을 추구하기 때문이다.

문 24. 다음 글에 대한 이해로 적절하지 않은 것은?

> 어린 염소 세 마리가 달달거리며 보도 위로 주인을 따라간다. 염소는 다리가 짧다. 주인이 느릿느릿 놀 양으로 쇠 걸음을 걸으면 염소는 종종걸음으로 빨리 따라가야 한다. 두 마리는 긴 줄로 목을 매어 주인의 뒷짐 진 손에 쥐여 가고 한 마리는 목도 안 매고 따로 떨어져 있건만 서로 떨어질세라 열심히 따라간다. 마치 어린애들이 엄마를 놓칠까 봐, 혹은 길을 잃을까 봐 부지런히 따라가듯. (중략)
>
> 주인의 뒤를 따라 석양에 보도 위를 걸어가는 어린 염소의 검은 모습은 슬프다. 짧은 다리에 뒤뚝거리는, 굽이 높아 전족한 청녀의 좇기는 종종걸음이다. 조그만 몸집이 달달거려 추위 타는 어린애 모습이다. 이상스럽게도 위로 들린 짧은 꼬리 밑에 감추지 못한 연하고 검푸른 항문이 가엾다. 수염이라기에는 너무나 앙징한 턱 밑의 귀여운 수염, 그리고 게다가 이따금씩 어린애 목소리로 우는 그 울음, 조물주는 동물을 점지할 때, 이런 슬픈 우형도 만들어 놓았던 것이다. 페이터는 일찍이 사람들에게 "무한한 물상 가운데 네가 향수한 부분이 어떻게 작고, 무한한 시간 가운데 네게 허여된 시간이 어떻게 짧고, 운명 앞에 네 존재가 어떻게 미소(微小)한 것인가를 생각하라. 그리고 기꺼이 운명의 직녀, 클로우도우의 베틀에 몸을 맡기고, 여신이 너를 실 삼아 어떤 베를 짜든 마음을 쓰지 말라." 했다. 이 염소는 충실한 페이터의 사도다. 그리고 그는 또 "네 생명이 속절없고, 너의 직무, 너의 경영이 허무하다 할지라도, 적어도 치열한 불길이 열과 빛으로 변화시키듯 하잘것없는 속사(俗事)나마 그것을 네 본성에 맞도록 동화시키기까지는 머물러 있으라." 했다. 염소가 그 주인의 뒤를 총총히 따르듯, 그리고 주인이 저를 흥정하고 있는 동안은 주인 옆에 온순하게 충실히 기다리고 서 있듯, 그리고 길가에 버려 있는 무청 시래기 옆에 세워 두면 다투어 푸른 잎을 뜯어 먹듯, 그리고 다시 끌고 가면 먹던 것을 놓고 총총히 따라가듯.
>
> 이 세 마리의 어린 염소는 오늘 저녁에 다 같이 돌아가다가, 내일 아침에 다시 나오게 될 것인가, 혹은 그중의 한 마리는 술속으로 들어가고, 두 마리만이 가게 될 것인가, 또는 어느 것이 팔려가다가 팔려서 껍질을 벗기고, 어느 것이 남아서 외롭게 황혼의 거리를 타달거리고 갈 것인가, 그것은 아무도 모른다. 염소 자신도, 끌고 가는 주인도, 아무도 모른다. 염소를 끌고 팔러 다니는 저 주인은 또 지금 자기가 걸어 가는 그 길은 알고 있는 것인가. 나는 이런 생각을 하며 염소가 지나간 그 보도 위로 걸어오는 것이다.
>
> - 윤오영, <염소>

① 작가가 염소에게 일어날 일에 대해 상상하고 있다.

② 작가가 염소와 그 주인에 대해 사색한 내용을 자신과 결부시키고 있다.

③ 작가가 염소와 자신을 동일시하여 존재에 대한 작가의 분노를 드러내고 있다.

④ 작가가 염소 주인의 운명도 염소의 운명처럼 알 수 없는 것이라고 생각하고 있다.

문 25. 다음 글에 대한 이해로 가장 적절한 것은?

어떠한 법 제도가 사회적으로 바람직한지에 대해 논의하기 위해서는 먼저 바람직함의 판단 기준이 필요하다. 법경제학은 효율을 그 잣대로 사용한다. 효율이란 사회 전체 후생의 크기가 증가하느냐의 여부인데, 후생은 어떤 행동의 결과로 얻는 주관적인 기쁨이나 만족감을 의미한다.

효율은 사후적 효율과 사전적 효율로 나눌 수 있다. 사후적 효율은 현재 주어진 상황에서 최소 비용으로 최대 산출을 얻는다는 의미이고, 사전적 효율은 당사자의 사전적 유인책까지 고려한 개념이다. 절도를 예로 들어 보자. 갑과 을로만 이루어진 사회에서 갑의 물건을 을이 아무 허락도 받지 않고 훔쳐서 사용했다. 물건은 갑으로부터 을로 이전되어, 사회 전체 후생의 크기가 달라지지 않았다고 생각할 수 있겠지만 사실은 그렇지 않다. 해당 물건에 대한 갑과 을의 후생이 서로 다를 수 있기 때문이다. 갑의 후생이 100원이고 을의 후생이 80원이라면 사회 전체적으로는 20원의 후생 감소가 생긴다. 이것이 바로 사후적 효율 측면에서 법이 절도를 금지하는 이유이다. 절도의 문제점은 사전적 효율 측면에서도 설명할 수 있다. 법적으로 절도가 허용된다면 다음과 같은 점들이 예측된다. 먼저 을의 근로 의욕이 떨어질 것이다. 일을 하지 않더라도 필요한 물건을 구할 수 있기 때문이다. 갑의 입장에서는 절도 방지 비용을 지출할 것이다. 이러한 근로 의욕의 저하와 절도 방지 비용의 지출은 사회적 후생 증가에 기여하지 못한다. 즉 사전적 효율 관점에서 볼 때, 절도가 허용되면 사회적 후생을 감소시키는 유인책이 생긴다.

사후적 효율의 관점에서 법 제도가 형성된 대표적인 사례로 도산법이 있다. 채무자의 재산이 부채를 변제하기에 부족하여 도산 절차가 시작되면 개별적 채권 추심은 모두 금지되고 채권자는 오직 도산 절차 내에서만 변제를 받을 수 있다. 개별적 채권 추심이 허용된다면 누구나 먼저 채권 추심을 하려 할 것이다. 이 과정에서 채무자의 재산이 손상되거나 헐값에 매각되는 등 사회 전체 후생의 감소가 발생한다. 법 제도가 사전적 효율의 관점에 기초하여 성립된 경우도 있다. 지식 재산권 관련 법에 의하면 소설이나 노래를 표절하거나 무단으로 이용하는 것은 금지된다. 그런데 복제하더라도 원본이 없어지는 것은 아니며 복제 비용이 매우 저렴하다면 복제를 할수록 사회적으로는 후생이 증가한다고 볼 수도 있다. 하지만 창작과 관련하여 지식 재산권을 인정하지 않는다면 당사자의 창작 유인책이 저하되어 애초에 창작이 일어나지 않을 수 있다. 따라서 지식 재산권 관련 법은 사전적 효율의 증진을 위해 창작자에게 독점적 권리를 부여한다.

① 법 제도가 불법 행위를 방조하는 실태를 설명하고 있다.
② 법 제도가 바람직하게 제정되지 못하는 이유를 설명하고 있다.
③ 경제학적 측면에서 법이 사람들에게 미칠 수 있는 효과를 설명하고 있다.
④ 바람직한 법 제도가 실제 현실에서 효과적으로 작동되지 않는 이유를 설명하고 있다.

약점 보완 해설집 p.2

제2회 실전모의고사

문 1. ㉠~㉢에 들어갈 말이 바르게 연결된 것은?

○ 올림픽에서 세계 각국의 선수들은 기량을 [㉠] 된다.
○ 걱정 근심일랑 [㉡] 털어 버리고 자, 즐겁게 술이나 마시자.
○ 기자는 펜 한 자루를 들고 시대의 어둠을 [㉢]하는 무관의 제왕이다.

	㉠	㉡	㉢
①	겨누게	일절(一切)	고발(告發)
②	겨누게	일체(一切)	고소(告訴)
③	겨루게	일절(一切)	고소(告訴)
④	겨루게	일체(一切)	고발(告發)

문 2. 다음 중 표준어로만 짝지어진 것이 아닌 것은?
① 아지랭이, 맨날
② 철딱서니, 고까옷
③ 옷매무시, 아등바등
④ 동댕이치다, 허드레

문 3. <보기> 뒤에 이어질 내용을 논리적 순서에 맞게 나열한 것은?

<보기>
대부분의 사람들은 기계가 감정을 느낄 수 없다고 생각한다.

㉠ 그리고 컴퓨터는 감정을 느낄 수 없기 때문에 절대로 인간의 지능을 가질 수 없다고 한다.
㉡ 그러나 실제 우리는 감정을 조절하는 두뇌 작용을 정보 처리 측면에서 어느 정도 이해할 수 있다.
㉢ 인공 지능 학자들조차도 컴퓨터가 감정을 갖게 하는 방법에 대해 회의적인 태도를 가지고 있다.
㉣ 따라서 감정 조절 원리를 잘 응용하면 컴퓨터는 머지않아 감정까지도 가질 수 있을 것으로 예상된다.

① ㉠-㉡-㉢-㉣　② ㉠-㉢-㉡-㉣
③ ㉡-㉠-㉢-㉣　④ ㉡-㉢-㉠-㉣

문 4. 다음 중 가장 적절한 문장은?
① 이 소설은 예상 밖의 좋은 호평을 받았다.
② 어려운 이웃들에게 따뜻한 온정을 베풉시다.
③ 언어는 그 시대의 사회상을 반영하기도 한다.
④ 학교에서 배운 것은 집에 가서 다시 복습해라.

문 5. <보기>의 밑줄 친 말과 유사한 단어 형성 과정을 보이는 것으로 가장 적절한 것은?

<보기>
<u>'줄임'</u>은 '줄다'에서 비롯된 말이다. '줄다'에 접사 '-이-'가 결합되어 '줄이다'로 파생된 후에, 여기에 다시 접사 '-(으)ㅁ'이 결합되어 '줄임'으로 파생되었다. 즉 '줄임'은 두 번의 파생 과정을 겪은 것이다.

① 어울림　② 끝맺음
③ 귀여움　④ 눈웃음

문 6. <보기>의 ㉠에 해당하는 단어가 아닌 것은?

<보기>
유의 관계는 의미가 같거나 비슷한 둘 이상의 단어 관계를 말한다. 하지만 비슷한 뜻이라 해도 모두 같은 상황에서 쓰이는 것은 아니다. ㉠ <u>단어마다 미묘한 의미 차이를 갖고 있기 때문에 발화 상황에 따라 쓰이는 단어가 다르다.</u>

① 덩굴 : 넝쿨　② 밥 : 진지
③ 낯 : 얼굴　④ 나이 : 춘추

문 7. ㉠의 예로 모두 옳은 것은?

<보기>

제30항 사이시옷은 다음과 같은 경우에 받치어 적는다.

1. 순우리말로 된 합성어로서 앞말이 모음으로 끝난 경우
   (1) 뒷말의 첫소리가 된소리로 나는 것
   (2) 뒷말의 첫소리 'ㄴ, ㅁ' 앞에서 'ㄴ' 소리가 덧나는 것
   (3) 뒷말의 첫소리 모음 앞에서 'ㄴㄴ' 소리가 덧나는 것

2. 순우리말과 한자어로 된 합성어로서 앞말이 모음으로 끝난 경우
   (1) 뒷말의 첫소리가 된소리로 나는 것 .... ㉠
   (2) 뒷말의 첫소리 'ㄴ, ㅁ' 앞에서 'ㄴ' 소리가 덧나는 것
   (3) 뒷말의 첫소리 모음 앞에서 'ㄴㄴ' 소리가 덧나는 것

3. 두 음절로 된 다음 한자어

① 귓병, 텃세, 전셋집
② 햇수, 귓밥, 바닷가
③ 곳간, 핏기, 머릿방
④ 탯줄, 맷돌, 자릿세

문 8. 다음 글에서 밑줄 친 ㉠~㉣과 바꿔 쓰기에 가장 적절하지 않은 것은?

천하 만물 중에 지켜야 할 것은 오직 '나'뿐이다. 내 밭을 지고 도망갈 사람이 있겠는가? 그러니 밭은 지킬 필요가 없다. 내 집을 지고 달아날 사람이 있겠는가? 그러니 집은 지킬 필요가 없다. 내 동산의 꽃나무와 과실나무들을 뽑아 갈 수 있겠는가? 나무뿌리는 땅속 깊이 박혀 있다. 내 책을 훔쳐 가서 없애 버릴 수 있겠는가? 성현(聖賢)의 경전은 세상에 널리 퍼져 물과 불처럼 흔한데 누가 능히 없앨 수 있겠는가. 내 옷과 양식을 도둑질하여 나를 ㉠ <u>궁색하게</u> 만들 수 있겠는가? 천하의 실이 모두 내 옷이 될 수 있고, 천하의 곡식이 모두 내 양식이 될 수 있다. 도둑이 비록 훔쳐 간다 한들 하나둘에 ㉡ <u>불과할</u> 터, 천하의 모든 옷과 곡식을 다 없앨 수는 없다. 따라서 천하 만물 중에 꼭 지켜야만 하는 것은 없다.

그러나 유독 이 '나'라는 것은 그 성품이 달아나기를 잘하며 출입이 ㉢ <u>무상하다</u>. 아주 친밀하게 붙어 있어 서로 배반하지 못할 것 같지만 잠시라도 살피지 않으면 어느 곳이든 가지 않는 곳이 없다. 이익으로 유혹하면 떠나가고, 위험과 재앙으로 겁을 주면 떠나가며, 질탕한 음악 소리만 들어도 떠나가고, 미인의 예쁜 얼굴과 요염한 자태만 보아도 떠나간다. 그런데 한 번 떠나가면 돌아올 줄 몰라 붙잡아 ㉣ <u>만류할</u> 수가 없다. 그러므로 천하 만물 중에 잃어버리기 쉬운 것으로는 '나'보다 더한 것이 없다. 그러니 꽁꽁 묶고 자물쇠로 잠가 '나'를 굳게 지켜야 하지 않겠는가?

- 정약용, <수오재기>

① ㉠: 가난하게 ② ㉡: 그칠
③ ㉢: 헛되다 ④ ㉣: 말릴

문 9. 다음 글의 ㉠~㉢에 들어갈 가장 적절한 말로 옳은 것은?

아리랑 민요는 지방에 따라 여러 가지가 있는데, 지금까지 발굴된 것은 약 30종 가까이 된다. 그중 대표적인 것으로는 서울의 본조 아리랑을 비롯하여 강원도 아리랑, 정선 아리랑, 밀양 아리랑, 진도 아리랑, 해주 아리랑, 원산 아리랑 등을 들 수 있다. 거의 도마다 대표적인 아리랑이 있지만, 평안도와 제주도가 없는데 발굴하지 못했기 때문이고, [㉠]에는 울릉도 아리랑까지 발견하였을 정도이니 실제로 더 존재하는 것으로 보인다. 이들 민요는 가락과 가사의 차이는 물론 후렴의 차이까지 있다. 그중 정선 아리랑이 느리고 구성진 데 비해, 밀양 아리랑은 흥겹고 힘차며, 진도 아리랑은 서글프면서도 해학적인 멋이 있다. 서울 아리랑은 이들의 공통점이 응집되어 구성지거나 서글프지 않다. [㉡] 흥겹지도 않은 중간적인 은근한 느낌을 주는 것이 특징이다. [㉢] 서울 아리랑은 그 형성 시기도 지방의 어느 것보다 늦게 이루어진 것으로 짐작된다.

	㉠	㉡	㉢
①	과거	마찬가지로	또한
②	과거	그리고	그래서
③	최근	또한	그렇기 때문에
④	최근	그래서	그럼에도 불구하고

문 10. 다음 글을 읽고 추론한 내용으로 가장 적절한 것은?

> 북한 음식은 크게 서해 바다를 끼고 있느냐, 동해 바다를 끼고 있느냐에 따라 특색이 다르다. 동해안의 생선들은 모두 크고 비리기 때문에 고춧가루나 마늘의 도움 없이는 생선 본연의 맛을 즐기기 어렵다. 그래서 고춧가루나 마늘을 많이 넣은 자극적인 양념에 버무려 먹는다.
>
> 함경도 회국수는 면 위에 양념과 고명을 차례대로 얹어 내는 한국식 함흥냉면과 다르게 감자 전분 면을 매콤한 양념에 비빔국수처럼 비빈 후 가자미식해나 빨갛게 무친 명태 자반을 올려 내는 것이 특징이다. 또한 금방 굳는 감자 전분의 특성 때문에 뜨거운 돼지고기 육수를 부어 먹기도 했는데 이때 삶은 돼지고기는 빨갛게 양념해 명태 자반과 함께 고명으로 올렸다.
>
> 반면 서해에서 나는 수산물은 대체적으로 비린 맛이 덜한 흰 살 생선이 많기 때문에 고춧가루나 소금으로 맵고 짜게 만들 이유가 없다. 그렇다 보니 양념이든 육수든 심심하게 먹는 문화가 자리 잡았다. 평양을 비롯해 서해안을 끼고 있는 평안도 지역은 어복쟁반이나 손만두, 닭고기온반, 평양냉면, 메밀묵, 콩깨국칼국수, 백김치 등 자극적이지 않은 담백한 음식들이 주를 이루는 것이다.
>
> 평안도와 개성 지역은 만두를 많이 만들어 먹었다. 속 재료로 주로 두부나 숙주나물, 돼지고기, 양념을 뺀 김치 등을 사용하며, 맛이 담백하다. 개성편수와 평안도식 만두를 속 재료나 조리 방식에 따라 구분하기도 한다. 개성편수는 모양이 작고 아기자기하며 속까지 촉촉하게 익도록 삶기 전 만두 표면에 구멍을 뚫는다. 평안도식 만두는 만두피가 비교적 두툼하면서 모양이 큼직큼직한 반달 모양으로 다소 투박한 편이다.

① 북한 음식은 남한 음식보다 대체로 간이 센 편이다.
② 함경도 생선 요리는 대체로 평안도 생선 요리에 비해 맛이 짜고 맵다.
③ 평안도의 만두는 개성 만두보다 자극적이지 않고 만두피가 두툼한 편이다.
④ 한국식 함흥냉면과 달리 함경도 지방의 회국수에는 고명이 올라가지 않는다.

문 11. 밑줄 친 고유어의 쓰임이 적절하지 않은 것은?

① 맡은 일을 <u>득달같이</u> 해치웠다.
② 올해는 포도가 <u>설멍하게</u> 열렸다.
③ <u>갖은소리</u> 그만하고 본론만 얘기해라.
④ 장난감을 방 안에 <u>엉기정기</u> 흩트려 놓았다.

문 12. 밑줄 친 ㉠과 ㉡의 품사가 동일한 것은?

① 내 물음에 언니는 ㉠ '<u>아니!</u>' 하고 대답했다.
나는 이것을 할 수가 없다. ㉡ <u>아니</u>, 죽어도 안 하겠다.
② 건강이 젊은 시절만 ㉠ <u>못하다</u>.
그 사람은 음치라서 노래를 ㉡ <u>못한다</u>.
③ 그는 자기 일 밖의 ㉠ <u>다른</u> 일에는 관심이 없다.
그는 ㉡ <u>다른</u> 곳에서 자라서 이곳 물정을 잘 모른다.
④ 나를 보는 낯이 ㉠ <u>붉는</u> 듯하더니 화를 내고 가 버렸다.
울음을 참느라고 그녀의 두 눈이 ㉡ <u>붉게</u> 충혈되어 있었다.

문 13. 다음 작품에 대한 설명으로 가장 옳은 것은?

> 호미도 ᄂᆞᆯ히언마ᄅᆞᄂᆞᆫ
> 낟ᄀᆞ티 들 리도 업스니이다.
> 아바님도 어이어신마ᄅᆞᄂᆞᆫ
> 위 덩더둥셩
> 어마님ᄀᆞ티 괴시리 업세라.
> 아소 님하
> 어마님ᄀᆞ티 괴시리 업세라.
>
> - 작자 미상, <사모곡(思母曲)>

① 의문문을 사용하여 말을 건네는 형식이다.
② 색채 이미지를 활용한 참신한 비유가 돋보인다.
③ 의미가 있는 여음을 통해 음악적 효과를 거두고 있다.
④ 대상의 가치를 드러내기 위해 다른 대상과 비교하고 있다.

문 14. 밑줄 친 단어 중 <보기>의 ㉠에 해당하는 것은?

> <보기>
>
> 복합어는 둘 이상의 어근이 결합하여 이루어진 합성어와 어근과 접사로 이루어진 파생어로 구분한다. 그런데 복합어 중에는 합성어에 접사가 결합한 경우와 ㉠ <u>파생어에 어근이 결합한 경우</u>도 있다.

① 너희는 어떻게 하루가 멀다 하고 <u>싸움질</u>만 하느냐?
② 그는 상사에게 자존심이 <u>짓밟히는</u> 말을 듣고도 참았다.
③ 우리 아파트 단지에는 아이들이 놀 만한 <u>놀이터</u>가 없다.
④ 화가 나신 할아버지는 턱 소리가 나게 <u>여닫이</u>를 닫으셨다.

문 15. 흐름상 ㉠에 들어갈 말로 가장 적절한 것은?

> 서영: 그럼, 네 말은 학습 내용을 반복해서 읽기만 해도 된다는 거야?
> 지은: 맞아. 그냥 내용을 반복해서 읽기만 하면 되니까 뭔가 거창한 공부를 해야 한다는 부담감 없이 마음 편하게 공부할 수 있어 좋았어. 더구나 쉬는 시간이나 점심시간, 아니면 차 타고 이동하는 시간 같은 자투리 시간을 활용해서 읽으니까 시간 낭비도 크게 줄일 수 있었어. 부담은 적은데 그 시간들이 차곡차곡 쌓이니까 큰 효과를 보는 것 같아서 나는 만족해.
> 서영: 그래? 그냥 읽는 것만으로도 공부가 된다니 신기하기도 하고 효과가 있을까 의문이 들기도 하네.
> 지은: 나도 그랬어. 그런데 노트에 적고 정리하거나 인터넷 강의를 듣는 것보다 시간이 훨씬 적게 들면서도 효율적인 방법인 것 같아.
> 서영: 그러니까 네 말은 [㉠]
> 지은: (목소리를 높이며) 응, 맞아. 난 다른 어떤 방법보다 좋았던 것 같아. 공부해야지 하는 부담은 적으면서도 읽기를 반복하면서 독서하는 학습 습관도 기를 수 있고. 처음에는 읽고 나도 기억나지 않지만 같은 걸 반복하면 이해가 되니까 기분이 너무 좋아.

① 일단 반복해서 읽는 공부 방법이 부담이 적고, 학습 시간 관리 측면에서도 효과적이라는 말이지?
② 반복해서 읽는 것은 이후 학습 계획을 세우는 데에도 도움이 되고 안정감을 느낄 수 있다는 말이지?
③ 아직 부족한 부분이 많지만 반복하며 학습하니까 인터넷 강의를 듣는 것보다 훨씬 좋았다는 말이지?
④ 반복한 뒤 노트를 정리하거나 인터넷 강의를 들으면 훨씬 이해가 잘 되고 자투리 시간을 활용할 수 있다는 말이지?

문 16. 밑줄 친 어휘의 사용이 적절하지 않은 문장은?

① 그녀는 역경을 <u>디디고</u> 재기하는 데 성공하였다.
② 나는 입술을 굳게 다문 채 땅만 <u>쳐다보고</u> 있었다.
③ 대희는 키가 <u>헌칠해서</u> 어떤 옷을 입어도 잘 어울린다.
④ 문제를 풀 때에는 답이 <u>맞는지</u>를 꼼꼼히 검토해야 한다.

문 17. 다음 시의 표현상 특징에 대한 설명으로 적절하지 않은 것은?

> 내 가슴에 독(毒)을 찬 지 오래로다.
> 아직 아무도 해(害)한 일 없는 새로 뽑은 독
> 벗은 그 무서운 독 그만 흩어버리라 한다.
> 나는 그 독이 선뜻 벗도 해칠지 모른다 위협하고
>
> 독 안 차고 살아도 머지않아 너 나마저 가 버리면
> 억만 세대(億萬世代)가 그 뒤로 잠자코 흘러가고
> 나중에 땅덩이 모지라져 모래알이 될 것임을
> '허무(虛無)한디!' 독은 차서 무엇 하느냐고?
>
> 아! 내 세상에 태어났음을 원망 않고 보낸
> 어느 하루가 있었던가. '허무한디!' 허나
> 앞뒤로 덤비는 이리 승냥이 바야흐로 내 마음을 노리매
> 내 산 채 짐승의 밥이 되어 찢기우고 할퀴우라 내맡긴 신세임을
>
> 나는 독을 차고 선선히 가리라.
> 막음 날 내 외로운 혼(魂) 건지기 위하여.
>
> \- 김영랑, <독(毒)을 차고>

① 문장의 도치를 통해 시적 의미를 부각하고 있다.
② 특정 어미를 반복하여 화자의 의지를 강조하고 있다.
③ 영탄적 어조를 사용하여 고조된 감정을 드러내고 있다.
④ 대화 형식을 사용하여 사고의 흐름을 구체화하고 있다.

문 18. 띄어쓰기가 옳지 않은 것은?

① 이처럼∨희한한∨구경은∨난생처음입니다.
② 너∨하고∨싸우고∨난∨뒤∨후회∨많이∨했어.
③ 우리∨선생님∨같은∨분은∨세상에∨또∨없을∨거야.
④ 그는∨검찰에∨소환돼∨이틀간∨밤샘∨조사를∨받았다.

문 19. 글쓴이가 '삶'을 바라보는 태도와 관련된 속담으로 가장 적절한 것은?

> 나는 춥고 어두운 흙구덩이로 들어가야 할 일이 무섭다. 그래서 살아 있는 동안의 무사한 하루하루에 안도한다. 행복에 대한 내 빈약한 이야기는 그 무사한 그날그날에 대한 추억이다. 행복이라기보다는 그나마 다행이라고 말하는 편이 옳을 것이다.
> 딸아이가 공부를 마치고 취직해서 첫 월급을 받았다. 딸아이는 나에게 휴대폰을 사 주었고 용돈이라며 15만 원을 주었다. 첫 월급으로 사 온 휴대폰을 나에게 내밀 때, 딸아이는 노동과 임금을 자랑스럽게 여기고 있었고, 그 자랑스러움 속에는 풋것의 쑥스러움이 겹쳐 있었다. 그때 나는, 이 진부한 삶의 끝없는 순환에 안도하였다.

① 풀 끝의 이슬
② 굽은 나무가 선산 지킨다
③ 개똥밭에 굴러도 이승이 좋다
④ 하늘이 무너져도 솟아날 구멍이 있다

문 20. 다음 글에 대한 설명으로 가장 적절한 것은?

> 소셜 로봇이란 사람 또는 다른 대상과 원활하게 의사소통하고 자율적으로 움직이는 로봇을 의미한다. 이제까지는 소셜 로봇을 개발하는 데 문제가 많았다. 인과 관계를 기반으로 분석한 단순한 컴퓨터 알고리즘만으로 사람과 상호 작용이 가능한 복잡한 인공 지능(AI)을 개발하기가 어려웠던 것이다. 그러나 최근 개발된 인공 지능은 로봇 스스로 시행착오를 통해 학습하고, 시중에 보급된 수많은 로봇들의 시행착오 학습 데이터를 유형별로 나눠 클라우드로 공유해 업그레이드하는 방식으로 기술적 어려움을 극복했다. 이렇게 학습과 보완을 통해 새로운 상황에 쉽게 적응하고 불확실한 환경에 보다 잘 대응하는 소셜 로봇이 곧 등장할 전망이다. 스탠퍼드 대학교는 인공 지능의 사회적 지능 부족을 개선하기 위해 노력한 끝에 인간 보행자처럼 바쁜 공간을 탐색하는 것이 가능한 잭래봇(Jackrabbot)을 탄생시켰다. 잭래봇은 공중 비디오 영상 기반 알고리즘을 사용하는 모션 센서 및 소프트웨어를 장착하고, 번잡한 길거리와 정신없는 스탠퍼드 대학교 캠퍼스를 주기적으로 탐색하였다. 이를 통해 잭래봇은 다가오는 보행자가 어떤 방향으로 이동할 것인지, 먼저 통과할 사람들에게 사회적 에티켓을 어떻게 지킬 것인지 등의 통행권 및 개인 공간에 대해 즉각적으로 판단할 수 있도록 설계되었다.

① 소셜 로봇이 탄생하게 된 배경을 인과 관계를 통해 설명하고 있다.
② 소셜 로봇의 작동 원리와 작동 과정을 순서대로 설명하고 있다.
③ 인공 지능의 문제점을 보완한 구체적인 사례를 들어 설명하고 있다.
④ 인공 지능에 대해 상반된 관점을 제시한 후 이를 절충하고 있다.

문 21. 다음 글을 읽고 '수면과 심장 질환'에 대한 설명으로 가장 적절하지 않은 것은?

> 미국의 시사 주간지 타임에 따르면, 에드워드 수아레즈 박사는 210명의 건강한 성인 남녀를 대상으로 수면이 신체에 미치는 영향을 연구한 결과, 수면 부족과 심장 질환을 유발하는 높은 수준의 위험 인자 사이에 상관관계가 있다는 것을 발견했다. 그것도 오직 여성에게서만 이런 현상이 확인됐다.
> 수아레즈 박사는 이를 검증하기 위해, 나이에 따른 차이가 있는지를 조사해 봤지만 이는 전혀 관련이 없었다. 흑인들이 백인보다 잠을 잘 못 잔다고 말한 점을 감안해 인종에 따른 차이도 조사해 봤지만, 이 역시도 관련이 없었다. 흡연이나 여성들의 생리 문제도, 수면 부족과 심장 질환에 걸릴 수 있는 위험에 있어서 남녀 차이를 설명해 주지 못했다.
> 이번 연구 결과에서 수아레즈 박사는 수면 부족이 남녀에게 다르게 영향을 미치는 이유를 완전히 설명하지 못했다. 그렇지만 남성 호르몬의 일종인 테스토스테론이 어느 정도 역할을 하는 것으로 추측하고 있다. 그는 수면에 큰 어려움을 겪는다는 여성들과 남성들을 조사한 결과, 여성들이 남성에 비해 테스토스테론 수치가 매우 낮은 것을 확인할 수 있었다. 테스토스테론은 심장 손상을 유발하는 단백질 수준을 줄이는 것으로 알려져 있다. 따라서 그는 테스토스테론이 수면 장애를 유발할 수 있지만, 다른 한편으로는 심장 질환을 일으키는 생리적 변화를 다소 둔화시키는 것이 아닌가 생각하고 있다.

① 여성에게는 수면 부족과 심장 질환 사이에 상관관계가 나타난다.
② 인종이나 나이는 수면과 심장 질환 사이의 상관성을 설명하지 못한다.
③ 수면 장애가 있는 여성보다 남성이 심장 질환에 걸릴 확률이 더 높은 편이다.
④ 수면이 부족한 여성이 심장 질환에 걸리는 것은 테스토스테론의 부족 때문이다.

문 22. 다음 글에 대한 이해로 적절하지 않은 것은?

페니실린이 여러 전염병을 치료하는 특효약으로 개발된 과정에 첫 번째 주춧돌을 쌓은 것은 영국의 세균학자인 플레밍(A. Fleming)이었다. 그는 1928년 어느 날 포도구균 계통의 화농균을 배양하고 있던 도중 우연히 한 개의 배양 접시에서 세균의 무리가 사멸되어 있는 모습을 발견하였다. 그냥 재수 없는 일이라고 지나칠 수도 있는 일이었지만 그는 그 원인을 꼼꼼히 살펴서 세균이 그 주변의 곰팡이 때문에 배양이 되지 못한 채 죽었다는 사실을 발견하였다.

플레밍은 문제의 그 곰팡이를 배양한 후 그 곰팡이를 새로운 액체 배지에 옮기고 1주일 후에 그 배양액을 1000분의 1까지 희석했는데도 포도구균의 발육이 억제되었다. 이 곰팡이는 페니실리움(Penicillium) 속(屬)*에 해당하는 것이었으므로 곰팡이가 생산하는 물질을 페니실린이라 부르게 되었고, 페니실리움 속에 속하는 곰팡이들 중 포도구균 배양을 억제하였던 종인 페니실리움 노타튬(Penicillium notatum)만이 페니실린을 생산한다는 점도 알게 되었다. 플레밍은 이어서 페니실린이 여러 세균에 대해 항균 작용을 한다는 사실을 입증하였다. 특히 폐렴균, 수막염균, 디프테리아균 등 인간과 가축들에게 무서운 전염병을 일으키는 병원균들에 대한 항균 효과가 큰 반면 결핵균, 대장균, 인플루엔자균에는 거의 효과가 없다는 사실도 알아내었다. 또한 페니실린이 다른 약물에는 대체로 취약한 백혈구에 전혀 해를 끼치지 않는다는 점과, 그것을 생쥐에 주사해도 거의 해가 없다는 사실을 확인하였다. 종래의 여러 항생 물질은 세균의 성장과 발육을 억제하는 동시에 고등동물의 정상 세포에 대해서도 비슷한 작용을 한다는 문제점이 있었다. 페니실린이 이러한 문제점을 극복했다는 사실이 페니실린의 발견이 지니는 의의일 것이다.

* 속(屬): 생물 분류의 한 단위로서 '종(種)'의 상위 단위

① 전염병은 특정 세균의 활동 때문에 발생한다.
② 항생 물질의 효과는 병원균의 종류에 따라 다르게 나타난다.
③ 같은 속에 속하는 곰팡이가 생산하는 물질은 비슷한 속성을 지닌다.
④ 특정 병원균의 성장과 발육을 억제하는 물질은 부작용을 야기하기도 한다.

문 23. <보기>를 읽고 다음 작품을 이해할 때, 적절하지 않은 것은?

향(香)아 너의 고운 얼굴 조석으로 우물가에 비최이던 오래지 않은 옛날로 가자

수수럭거리는 수수밭 사이 걸찍스런 웃음들 들려 나오며 호미와 바구니를 든 환한 얼굴 그림처럼 나타나던 석양……

구슬처럼 흘러가는 냇물가 맨발을 담그고 늘어앉아 빨래들을 두드리던 전설(傳說) 같은 풍속으로 돌아가자

눈동자를 보아라 향아 회올리는 무지개빛 허울의 눈부심에 넋 빼앗기지 말고
철 따라 푸짐히 두레를 먹던 정자나무 마을로 돌아가자 미끈덩한 기생충의 생리와 허식에 인이 배기기 전으로 눈빛 아침처럼 빛나던 우리들의 고향 병들지 않은 젊음으로 찾아가자꾸나

향아 허물어질까 두렵노라 얼굴 생김새 맞지 않는 발돋움의 흉낼랑 그만 내자
들국화처럼 소박한 목숨을 가꾸기 위하여 맨발을 벗고 콩바심하던 차라리 그 미개지(未開地)에로 가자 달이 뜨는 명절밤 비단치마를 나부끼며 떼지어 춤추던 전설 같은 풍속으로 돌아가자 냇물 굽이치는 싱싱한 마음밭으로 돌아가자.

- 신동엽, <향(香)아>

<보기>

잔잔한 해면을 '원수성 세계'라 부른다면, 파도가 일어 공중에 솟구치는 물방울의 세계는 '차수성 세계'가 된다고 하고, 다시 물결이 숨자 제자리로 쏟아져 돌아오는 물방울의 운명은 '귀수성 세계'이다. '원수성 세계'는 원초적인 대지의 세계로 오직 순수만이 존재하는 최초의 세계이며 문명에 더럽혀지지 않은, 우리가 지향해야 할 바로 그 세계이다. '차수성 세계'는 맹목적인 기능인의 세계로 악의 근원이며 타락한 세계, 즉 현실이다. 또 '귀수성 세계'는 대지와 함께 숨 쉬며 살아가야 할, 돌아가지 못한 '원수성 세계'에 대한 대안의 세계이다.

- 신동엽, <시인 정신론> 중에서

① 화자는 순수함이 본질을 이루고 있는 원수성 세계에 대한 절실한 그리움을 드러내고 있군.
② 화자는 차수성 세계와 귀수성 세계의 모든 제약에서 벗어나 원수성 세계로의 회귀를 호소하고 있군.
③ 작품 전체를 통해 문명 비판과 과거 지향성이 느껴지는 것은 화자가 원수성 세계를 지향하고 있다는 것을 드러내고 있군.
④ 차수성 세계에 있는 부정적인 것들이 '향아'의 의지를 방해하고 끊임없이 유혹의 미끼를 던지고 있는 모습으로 드러나고 있군.

문 24. 다음 글에 대한 설명으로 가장 적절한 것은?

> 청년은 새우처럼 등을 구부린 후 코트를 턱밑까지 끌어 덮고 뒷좌석 등받이에 비스듬히 몸을 누인다. 남 씨가 마주 오는 트럭을 피한 후, 차에 더욱 속력을 주며 다시 느릿하게 입을 연다.
> "저 젊은이만 인계하면 형님 일은 끝나는 겁니까?"
> "응."
> "고향이 어딥니까? 저 젊은이?"
> "서울."
> "S 대학 학생이란 건 사실인가요?"
> "그렇네."
> "쇠섬엔 그런데 무슨 일루 내려왔습니까?"
> "잠 좀 잡시다!"
> 자는 척하고 누웠던 청년이 돌연 쨍하게 고함을 내지른다.
>
> \- 홍성원, <삼인행>

① 서술자가 관찰자의 입장에서 인물의 행동을 묘사한다.
② 요약적 진술을 바탕으로 사건을 박진감 있게 서술한다.
③ 인물의 심리적 갈등을 내적 독백을 활용하여 나타낸다.
④ 인물의 외양 묘사를 통해 인물의 성격 변화를 드러낸다.

문 25. 빈칸에 들어갈 인물로 알맞은 것은?

> ( )의 시는 크게 세 시기로 구분된다. 첫 번째 시기에 그는 모더니즘의 영향을 받아 이미지를 중시하면서도 향토적 정서를 형상화한 순수 서정시의 가능성을 개척하였다. 특히 그는 우리말을 아름답게 가다듬은 절제된 표현을 사용하여 다른 시인들에게도 큰 영향을 끼쳤다. 지금까지도 널리 사랑을 받고 있는 <향수>가 이 시기의 대표작이다. 두 번째 시기에 그는 가톨릭 신앙에 바탕을 둔 여러 편의 종교적인 시들을 발표하였다. <그의 반>, <불사조>, <다른 하늘> 등이 이 시기에 발표된 작품들이다. 세 번째 시기에는 전통적인 미학에 바탕을 둔 자연시들을 발표하였다. <장수산>, <백록담> 등이 이 시기를 대표하는 작품들로, 자연을 정교한 언어로 표현하여 한 폭의 산수화를 보는 듯한 인상을 준다고 해서 산수시(山水詩)라고 불리기도 한다.

① 박두진 ② 박목월
③ 조지훈 ④ 정지용

약점 보완 해설집 p.6

제3회 실전모의고사

문 1. 언어 예절에 가장 알맞게 발화한 것은?

① (부모가 딸에게) 얘, 할머니 보러 가자.

② (역사책에서) 세종대왕은 훌륭한 임금이었다.

③ (아들이 아버지에게) 아버지, 형이 서울에 도착하신대요.

④ (교사가 학생에게) 교장 선생님의 훈화 말씀이 계시겠습니다.

문 2. ㉠ ~ ㉣의 전개 방식을 적절하게 제시한 것은?

> ㉠ 명사, 대명사, 수사를 체언이라 한다.
> ㉡ 식물 세포는 핵, 세포질, 세포벽으로 이루어져 있다.
> ㉢ 감각적 경험 없이도 여러 가지를 사고해서 파악할 수 있는 능력이 곧 이성이다.
> ㉣ 일상적 삶의 현실이 평범하고 산만한 데 비해, 문학의 그것은 긴밀하게 압축되고 재구성되어 있다.

① ㉠: 분석 ② ㉡: 분류

③ ㉢: 인과 ④ ㉣: 대조

문 3. 다음 중 문장의 종류가 다른 것은?

① 계속 커피를 마시면 건강을 해칠 수 있다.

② 사자가 잠을 자는데 누가 깨울 수 있을까?

③ 바닷가 가는 날에 입으려고 수영복을 샀다.

④ 내일은 하늘이 흐리고 비가 내리겠습니다.

문 4. ㉠에 들어갈 속담으로 가장 적절한 것은?

> 그는 극도로 게으른 사람이었다. 동네 노인의 주선으로 소작 밭깨나 얻어 주면, 종자나 뿌려 둔 뒤에는 후치질도 안하고 김도 안 매고 그냥 버려두었다가는, 가을에 가서는 되는대로 거두어서 '금년은 흉년이네' 하고 전주집에는 가져도 안 가고 자기 혼자 먹어 버리고 하였다. 그러니까 그는 한 밭을 이태를 연하여 부쳐 본 일이 없었다. 이리하여 몇 해를 지내는 동안 그는 그 동네에서는 밭을 못 얻으리만큼 인심과 신용을 잃고 말았다.
> 복녀가 시집을 온 뒤, 한 삼사 년은 장인의 덕으로 이렁저렁 지내 갔으나, 이전 선비의 꼬리인 장인도 차차 사위를 밉게 보기 시작하였다. 그들은 처가에까지 신용을 잃게 되었다. 그들 부처(夫妻)는 여러 가지로 의논하다가 하릴없이 평양성 안으로 막벌이로 들어왔다. 그러나 게으른 그에게는 막벌이나마 역시 되지 않았다. 하루 종일 지게를 지고 연광정에 가서 대동강만 내려다보고 있으니, 어찌 막벌이인들 될까. 한 서너 달 막벌이를 하다가, 그들은 요행 어떤 집 막간 (행랑)살이로 들어가게 되었다.
> 그러나 그 집에서도 얼마 안 하여 쫓겨 나왔다. 복녀는 부지런히 주인집 일을 보았지만, 남편의 게으름은 어찌할 수가 없었다. 매일 복녀는 눈에 칼을 세워 가지고 남편을 채근하였지만, [㉠].
>
> \- 김동인, <복녀>

① 제 버릇 개 줄까

② 누워서 침 뱉기이다

③ 주는 떡도 못 받아먹는다

④ 서 발 막대 거칠 것 없다

문 5. 다음 중 '홑문장'인 것은?

① 철수야, 다른 것도 좀 먹어.

② 비가 소리도 없이 내렸다.

③ 이것은 내가 읽은 책이다.

④ 누나가 어디 가냐고 물었다.

문 6. 다음 글의 빈칸 안에 들어갈 말로 가장 적절한 것은?

> 일반적으로 협상이란 참여하는 양 당사자가 타결에 대한 서로의 기대를 조정하는 과정이라고 정의된다. 협상은 혼자서 하는 것이 아니다. 따라서 협상에 관여하는 사람들은 상호의존적인 관계를 가지게 되고, 자신의 행동을 결정하기 전에 상대방의 반응을 염두에 두는 전략적 고려를 하게 된다.
> 협상에 참여한 사람의 몫에 대한 결정은 협상의 양 당사자들이 각각 협상의 상대방에 대해 얼마만큼의 기대를 가지고 있느냐에 좌우되기 때문에 이를 파악하는 것은 매우 중요하다. 협상의 능력이 출중하다면 그 사람은 협상의 타결 뒤 자신에게 돌아올 몫이 많아지게 된다. 따라서 각 당사자에게 '협상력'이란 결국 ( ) 을 의미하게 된다.
> 많은 사람들은 협상을 '흥정'과 동일시한다. 흥정은 무엇인가를 주고받기 위해 의견을 나누는 것을 말한다. 그러나 흥정이 있다고 해서 이를 모두 협상이라고 부를 수는 없다. 만약 그 흥정이 합리적인 원칙과 전략 없이 순간적 감정에 의해 즉흥적으로 이루어진다면, 혹은 비윤리적인 방법을 통해서 서로가 의견의 합치를 이루는 경우라면 그것은 협상이라고 볼 수 없는 것이다.

① 협상 타결로 인한 몫을 상호의존적 원칙을 통해서 공평하게 분배하는 능력
② 협상이 이루어지기 이전에 상대방이 기대하는 정도를 미리 파악할 수 있는 능력
③ 자신과 다른 생각을 가진 상대방이 잘못을 깨달을 수 있도록 적극 설득할 수 있는 능력
④ 협상하는 상대방이 가진 기대의 정도를 자신에게 유리한 방향으로 변경시킬 수 있는 능력

문 7. 다음 중 '통일성'의 원칙에 바르지 않은 것은?

① 대화는 가장 기본적인 의사소통 방법이다. 그런데 모든 대화가 생각대로 잘 이루어지는 것은 아니다. 원활한 대화를 위해서는 대화의 목적이나 상대, 상황 등에 대해 이해하고 있어야 한다.
② 환경 문제의 심각성은 인류 문화의 존속과 관련된 문제이다. 따라서 왜 이것이 건축에서도 문제가 되느냐고 논할 필요가 없다. 문제가 되어야 할 것은 환경을 파괴하지 않으면서 책임감 있게 건축을 하는 것이다.
③ 부정적 언어 표현에는 비속어뿐만 아니라 상대방을 차별하는 말도 포함된다. 이러한 부정적 언어 표현은 상대방에게 수치심을 준다. 뿐만 아니라 이는 공동체의 결속을 방해하고 구성원들 간의 갈등을 불러일으킨다.
④ 독서는 단순한 문자 기호의 뜻을 해독하는 과정이 아니라, 글쓴이가 독자에게 전달하고자 하는 정보의 의미를 이해하는 과정이다. 정보 사회에 잘 적응하기 위해서는 올바른 정보를 선택할 수 있는 눈을 길러야 한다. 눈의 보호를 위해서는 생선을 많이 섭취할 필요가 있다.

문 8. ㉠이 의미하는 바로 적절한 것은?

> 샤갈의 마을에는 삼월(三月)에 눈이 온다.
> 봄을 바라고 섰는 사나이의 관자놀이에
> 새로 돋은 정맥(靜脈)이
> ㉠ 바르르 떤다.
> 바르르 떠는 사나이의 관자놀이에
> 새로 돋은 정맥(靜脈)을 어루만지며
> 눈은 수천수만(數千數萬)의 날개를 달고
> 하늘에서 내려와 샤갈의 마을의
> 지붕과 굴뚝을 덮는다.
> 삼월(三月)에 눈이 오면
> 샤갈의 마을의 쥐똥만 한 겨울 열매들은
> 다시 올리브빛으로 물이 들고
> 밤에 아낙들은
> 그해의 제일 아름다운 불을
> 아궁이에 지핀다.
>
> \- 김춘수, <샤갈의 마을에 내리는 눈>

① 겨울의 찬 기운이 남아 있음을 의미한다.
② 봄의 생명력을 감각적으로 표현하고 있다.
③ 화자의 두려움을 간접적으로 표현하고 있다.
④ 삶에 대한 깨달음을 구체화하여 표현하고 있다.

문 9. <보기>의 설명을 참고할 때, ㉠~㉣ 중 '객관적 상관물'은?

> <보기>
> 객관적 상관물은 시적 화자의 정서나 사상을 드러내는 데 이용되는 사물이나 사건을 뜻하며, 정서나 사상을 객관화한 기법이다. 시적 화자는 자신의 감정을 객관적 상관물에 이입하기도 하고, 자신의 정서나 자신이 처한 상황과 대조적인 사물이나 사건을 객관적 상관물로 이용하기도 한다.

> 천만 리(千萬里) 머나먼 ㉠ 길히 고은 님 여희옵고
> ᄂᆡ ᄆᆞᄋᆞᆷ 둘 ᄃᆡ 업서 ㉡ 냇ᄀᆞ에 안쟈시니,
> 져 ㉢ 믈도 내 ᄋᆞᆫ ᄀᆞᆮᄒᆞ여 우러 ㉣ 밤길 녜놋다.
>
> \- 왕방연

① ㉠ 길 ② ㉡ 냇ᄀᆞ
③ ㉢ 믈 ④ ㉣ 밤길

문 10. 다음 글을 이해한 내용으로 가장 적절하지 않은 것은?

> 소주 제조는 고려 시대에 비롯하여 조선을 거치는 동안 조금 변천되었으나 양조 과정이나 방법은 별다른 변화·발전이 없었다. 가정에서 만들 때는 솥과 시루, 그리고 솥뚜껑 따위가 이용되었다. 즉 가장 원시적인 제조법으로 다 익은 술이나 술지게미를 솥에 담고 솥뚜껑을 뒤집어 놓는다. 뒤집어 덮은 솥뚜껑의 손잡이 밑에는 주발을 놓아둔다.
>
> 솥에 불을 때면서 솥뚜껑에는 바가지로 냉수를 부어 둔다. 열을 받으면서 술이나 지게미 속의 '알코올' 성분이 휘발하는데 도망갈 데가 없어 솥뚜껑에 닿게 된다. 기체 상태로 올라온 알코올은 솥뚜껑 밖에 있는 찬물 때문에 다시 액체가 되면서 솥뚜껑의 경사를 따라 흐르다가 마침내 손잡이에서 뚝뚝 떨어지게 된다. 그러면 손잡이 밑에 있던 주발에 고이게 되는데 이것이 원시적인 소주인 것이다. 그래서 우리나라에서는 소주 만드는 것을 '소주 내린다'라고도 말하게 되었다.

① 소주를 만드는 방법은 시대에 따라 대동소이하다.
② 소주는 기화와 액화의 원리를 이용한 증류주에 속한다.
③ 우리나라에서는 고려 시대 이전부터 소주를 제조하였다.
④ '소주를 내린다'는 말은 소주 제조의 원리와 밀접한 관련이 있다.

문 11. (가) ~ (라)에 알맞은 말을 순서대로 나열한 것은?

> 논리 실증주의에서는 어떠한 언명이 기존 이론의 영향을 받지 않고 오로지 객관적인 관찰을 통해 참과 거짓으로 확실하게 결정될 수 있으면 과학적으로 유의미하다고 보았다. [(가)] 보편 언명이 단칭 언명의 누적을 통해 성립된다고 주장했다. 단칭 언명은 특정 시공간에서 발생한 특정 사건을 언급한 것이고, 보편 언명은 단칭 언명들을 일반화한 것으로 과학 이론으로 성립될 수 있는 것을 말한다. [(나)] '이 리트머스 시험지가 산에 담기면 붉어진다.'라는 단칭 언명이 예외 없이 관찰된다면 '모든 리트머스 시험지는 산에 담기면 붉어진다.'라는 보편 언명이 과학 이론으로 성립될 수 있다고 보았다.
>
> [(다)] 이러한 생각은 어떤 과학 이론이 지금까지 누적된 단칭 언명들을 통해 참으로 보장될지라도, 앞으로 보편 언명으로서 확실히 참이 될 수는 없다는 비판에 직면했다. 예컨대 지금까지 리트머스 시험지가 산에 담겼을 때 항상 붉어졌다는 관찰이, 앞으로 어떤 리트머스 시험지가 산에 담기면 붉어질 것임을 보장하지 않기 때문이다. 이 난점을 극복하기 위해 일부의 논리 실증주의자들은 단칭 언명이 누적될수록 과학 이론이 참으로 결정될 가능성이 점차 증가할 것이라는 완화된 입장으로 바뀌었다. [(라)] 지금까지의 단칭 언명들로 일반화된 언명이 계속 참으로 남을 것인지는 알 수 없다는 문제를 해결할 수 없었다.

	(가)	(나)	(다)	(라)
①	그러나	반면	요컨대	그러므로
②	따라서	가령	그리고	대관절
③	그런데	하지만	따라서	그러나
④	그리고	예컨대	그런데	하지만

문 12. 다음 중 어휘의 쓰임이 모두 바른 문장은?

① 올해 여름에는 유난히 햇볕이 뜨거웠다.
② 요즘 옷은 남녀의 구분이 없는 경우가 많다.
③ 칠월이 되자 날씨가 하루가 틀리게 더워진다.
④ 학생들은 선생들 몰래 화장실에 들어가 담배를 피기도 했다.

문 13. ㉠ ~ ㉣ 중 단어의 쓰임이 적절한 것은?

> 오클랜드는 인구가 40만 명 정도로 2천만 명 정도 되는 뉴욕에 비하면 시장 규모가 비교가 되지 않는다. 그래서 선수단 전체 연봉이 뉴욕 양키스 구단의 고액 연봉자 서너 명의 연봉과 비슷했다. 빌리 빈은 적은 돈으로 팀을 운영하기 위해 저평가된 선수들을 주목했다. 다른 단장들이 타율(안타/타수)을 보고 타자를 스카우트할 때 빌리 빈은 발상을 전환하여 OPS라는 새로운 지표를 주목하였다. OPS는 출루율(출루/타석)과 장타율(총 루타/타수)을 합한 지표인데, 빌리 빈이 이 지표를 주목한 이유는 이렇다. 타율이 3할인 선수는 흔치 않기 때문에 몸값이 많이 비싸다. 대신 2할 5푼 정도인 선수는 흔하기 때문에 몸값이 매우 싸다. 그런데 실제 야구 경기의 예를 보면 연속으로 안타 3개를 쳐서 1점을 얻는 경우도 있지만 볼넷으로 출루한 선수가 다음 선수의 2루타로 1점을 얻는 경우도 있다. 안타 한 개로도 안타 3개와 같은 ㉠ <u>效能</u>을 볼 수 있는 것이다. 그래서 몸값이 싼 2할 5푼의 선수라 하더라도 볼넷으로 많이 나가고 일발 장타가 있는 경우 3할 타자와 OPS가 비슷할 수 있다. 이런 선수들을 ㉡ <u>適時</u>에 배치하면 몸값이 비싼 선수들로 구성된 팀과 득점 효율은 비슷할 수 있다.
>
> 투수의 경우는 강속구를 던져서 삼진을 많이 잡고 타자들을 압도하는 투수는 몸값이 비싸다. 특히 불같은 강속구로 1이닝만 처리하는 전문 마무리 투수는 처리하는 이닝에 비해 몸값이 매우 비쌌다. 그에 비해 타자들을 맞혀 잡으면서 어느 정도 점수를 주는 선수는 몸값이 싸다. 빌리 빈은 많은 돈을 투자할 수 없었기 때문에 1이닝은 어떻게든 막아 내는 노장 선수를 마무리 투수로 쓰고, 가급적이면 많은 이닝을 ㉢ <u>消盡</u>할 수 있는 선수들로 투수진을 구성했다.
>
> 선수 트레이드에서도 빌리 빈은 과감하고 남들보다 한발 빨랐다. 특급 선수의 경우 자유 계약 선수가 되면 어차피 몸값이 ㉣ <u>天井不知</u>로 올라 오클랜드로서는 잡을 수 없다. 빌리 빈은 선수의 성적이 최고를 기록할 때 그 선수를 다른 팀에 트레이드하여 유망주와 현금을 확보했다. 오클랜드는 그런 방식으로 꾸준히 강팀의 지위를 유지할 수 있었다.

① ㉠ ② ㉡
③ ㉢ ④ ㉣

※ 다음 글을 읽고 물음에 답하시오. [14 ~ 15]

동대문의 본 건물은 집채만한 크기의 돌로 된 축대 위에 세워져 있는 것인데, 축대의 높이는 육 미터 남짓 되어 보이고 그 축대에서 시작되어 역시 커다란 돌이 쌓여 이루어진 성벽이 건물을 반원형으로 둘러싸고 있다. 그 성벽을 서씨는 마치 곡예단의 원숭이가 장대를 타고 올라가듯이 익숙하고 민첩한 솜씨로 올라갔다. 푸른 조명을 받으며 서씨가 성벽을 기어 올라가는 그 광경은 나로 하여금 신비한 나라에 와서 거대한 무대 위의 장엄한 연극을 보는 듯한 감동을 느끼게 하는 것이었다. 단 하나의 넓은 빛살이 펼쳐지고 그 빛에 의해서 풍경이 탄생하여 오만한 마음을 가진 양 흔들리지 않고 정립해 있는데, 그것을 향하여 어쩌면 호소하는 듯한 어쩌면 도전하는 듯한 어쩌면 그것의 손짓에 응하는 듯한 몸짓으로 몸의 온갖 근육을 움직이며 성벽을 기어 오르고 있는 그 사람은 문득 나에게 전율조차 느끼게 했다.

이윽고 서씨의 몸은 성벽 저 너머로 사라져 버렸다. 그리고 잠시 후에 나는 더욱 놀라운 광경을 보게 되었다. 서씨가 성벽 위에 몸을 나타내고, 그리고 성벽을 이루고 있는 커다란 금고만 한 돌덩이를 그의 한 손에 하나씩 집어서 번쩍 자기의 머리 위로 치켜올린 것이었다. 지렛대나 도르래를 사용하지 않고서는 혹은 여러 사람이 달라붙지 않고서는 들어올릴 수 없는 무게를 가진 돌을 그는 맨손으로 들어올린 것이었다. 그는 나에게 보라는 듯이 자기가 들고 서 있는 돌을 여러 차례 흔들어 보이고 나서 방금 그 돌들이 있던 자리를 서로 바꾸어서 그 돌들을 곱게 내려놓았다.

나는 꿈속에 있는 기분이었다. 고담(古談) 같은 데서 등장하는 역사(力士)만은 나도 인정하고 있는 셈이지만, 이 한밤중에 바로 내 앞에서 푸르게 빛나고 있는 조명을 온몸에 받으며 성벽을 디디고 우뚝 솟아 있는 저 사내를 나는 무엇이라고 이름 붙여야 할지 몰랐다.

역사, 서씨는 역사다, 하고 내가 별수 없이 인정하며 감탄이라기보다는 차라리 그 귀기(鬼氣)에 찬 광경을 본 무서움에 떨고 있는 동안에, 그는 어느 새 돌아왔는지 유령처럼 내 앞에서 자랑스러운 웃음을 소리 없이 웃고 있었다.

서씨는 역사였다. 그날 밤 나는 집으로 돌아와서 이제까지 아무에게도 들려주지 않았다는 서씨의 얘기를 들었다.

그는 중국인의 남자와 한국인의 여자 사이에서 난 혼혈아였다. 그의 선조들은 대대로 중국에서 이름 있는 역사들이었다. 족보를 보면 헤아릴 수 없이 많은 장수(將帥)가 있다고 했다. 그네들이 가졌던 힘, 그것이 그들의 존재 이유였고, 유일한 유물이었던 모양이었다. 그 무형의 재산은 가보(家寶)로서 후손에게 전해졌다. 그것으로써 그들은 세상을 평안하게 할 수 있었고 자신들의 영광도 차지할 수 있었다. 그러나 이 서씨에 와서도 그 힘이 재산이 될 수는 없었다. 이제 와서 그 힘은 서씨로 하여금 공사장에서 남보다 약간 더 많은 보수를 받게 하는 기능밖에 가질 수가 없게 된 것이다. 결국 서씨는 그 약간 더 많은 보수를 거절하기로 했다. 남만큼만 벽돌을 날랐고 남만큼만 땅을 팠다. 선조의 영광은 그렇게 하여 보존될 수밖에 없었다. 그리고 서씨는 아무도 나다니지 않는 한밤중을 택하고 동대문의 성벽에서 그 힘이 유지되고 있음을 명부(冥府)의 선조들에게 알리고 있다는 것이었다.

대낮에 서씨가, 동대문의 바로 곁에 서서 행인들 중 누구 한 사람도 성벽을 이루고 있는 돌 한 개의 위치 변화에 관심을 보내지 않고 지나다닐 때, 옮겨진 돌을 바라보며 빙그레 웃고 있는 그의 모습을 나는 쉽게 상상할 수 있었다. 그것이 서씨가 간직하고 있는 자기였고, 내가 그와 접촉하면 할수록 빨려들어갈 수 있었던 깊이였던 모양이었다.

㉠ <u>그 집-그늘 많은 얼굴들이 살던 그 집</u>에서 나는 나 자신 속에서 꿈틀거리는 안주(安住)에의 동경을 의식하지 않을 수 없었다. 그것은 그 사람들의 헤어날 길 없는 생활 속에 내가 휩쓸려 들어가게 되는 것이 무서웠기 때문이었던 모양이다. 그러나 그곳을 뚝 떠나서 ㉡ <u>이 한결같은 곳이 한결같은 악기로 연주되는 집</u>에 오자 그것은 견디어 낼 수 없는 권태와 이 집에 대한 혐오증으로 형체를 바꾸는 것이었다. 나란 놈은 아마 알 수 없는 놈인가 보다.

- 김승옥, <역사(力士)>

문 14. '나'와 '서씨'의 관계를 가장 잘 설명하고 있는 것은?

① '나'는 스스로의 삶을 좀 더 새로운 삶으로 변화시키려는 의지를 가진 인물이지만, '서씨'는 자신에게 주어진 현실을 바꾸려는 노력을 하지 않는다는 점에서 다르다.

② '나'는 무기력하고 나약하며 현실 속에 자신을 안주하려는 인물이지만, '서씨'는 엄청난 힘을 가지고 있지만 그 힘을 숨기고 언젠가 사용하기 위해 단련하고 있다는 점에서 다르다.

③ '나'는 전형적인 도시 서민으로 안주하려는 성향을 지니고 있고, '서씨'는 자신의 힘을 발휘할 수 없는 현실에 불만을 갖고 주체할 수 없는 힘을 밤에 몰래 발휘하며 울부짖으며 괴로워하는 저항적 색채를 가진 인물이다.

④ '나'는 도시 생활이 주는 소외감과 외로움을 느끼고 있지만 어쩔 수 없이 그 체제 속에 편입되어 있고, '서씨' 역시 자신의 힘이 있음에도 그 힘을 발휘하지 않고 적당히 현실에 맞추어 살아간다는 점에서 공통점을 가진다.

문 15. (가)와 (나)의 묘사를 보고 ㉠과 ㉡에 대한 작가의 구상을 가장 적절하게 추측한 것은?

(가) 판자를 얽어서 형편없이 작은 집이었지만 방은 다섯 개나 되었다. 따라서 겨우 한두 사람이 누우면 꽉 차버리는 방들이란 말할 필요도 없다. 그중에서도 좀 넓고 채광도 좋다는 방을 주인 식구가 차지하고 있고 그 방보다 못하지만 나머지 세 개에 비하면 빗물도 새지 않을 정도의 방은 방세 지불이 정확한 영자라는 창녀가 들어 있었다. 그리고 나머지 방들 중에 한 방을 사십대의 막벌이 노동자 서씨가, 그리고 나머지 한 방을 내가 차지하고 있다.

(나) 아침 여섯 시에 기상, 아침 식사, 출근 혹은 등교, (중략) 오후 여섯 시 반까지는 모든 식구가 집에 와 있어야 하고 저녁 식사, 식사가 끝나면 십여 분 동안 잡담. 그게 끝나면 모두 자기 방으로 가서 공부. 그리고 식모가 보리차가 든 주전자와 컵을 준비해서 대청 마루 가운데 있는 탁자 위에 놓는 달그락 소리가 나면 그때 시간은 열 시 오륙 분 전. 그 소리가 그치면 여러 방의 문이 열리고 식구들이 모두 나와서 물 한 컵씩을 마시고 '안녕히 주무십시오.'를 한차례 돌리고 잠자리로 들어간다.

① ㉠은 비능률적이고 지저분하지만 인간적이고 활기찬 생명력이 있는 곳으로, ㉡은 기계적이고 꽉 짜인 일상을 보여 주어 작위적이고 비인간적인 현대 사회를 풍자하도록 묘사하자.

② ㉠은 질서도 없이 어지러운 전근대적 사회로 삶의 궁핍을 보여 주고, ㉡은 합리적이고 도회적 삶의 틀과 그 전형으로 문명적 생활의 풍요를 보여 주도록 그려 보자.

③ ㉠은 전근대적인 불합리의 세계로 부정적인 세계를 의미하며, ㉡은 꽉 짜인 합리적인 틀로 문명 세계를 뜻하며 긍정적인 세계를 의미하는 것으로 표현하자.

④ ㉠은 불결함과 좁음으로 표현되는 사회적 소외 집단으로, ㉡은 청결함과 규칙성으로 표현되는 자본주의 윤리로 무장된 세계로 그려 보자.

문 16. 밑줄 친 부분의 띄어쓰기가 잘못된 것으로만 묶인 것은?

① 부모님들은 늘 자식 잘 되기를 바란다.
남아 있는 빵은 내가 먹으면 안 돼?

② 내가 넘어졌다고 하자 오빠는 잘 됐다며 약을 올렸다.
안색이 안 돼 보여서 보약을 지어 보냈다.

③ 우리 중 잘되어야 두 명만이 합격할 수 있다.
너희한테 이런 말을 하게 되어서 참 안됐구나.

④ 회사를 그만둔 것이 차라리 잘됐다는 기분이 들었다.
올해는 비가 너무 많이 와서 과일 농사가 안 돼 큰일이다.

문 17. 밑줄 친 낱말의 뜻을 적은 것으로 가장 적절하지 않은 것은?

① 사업에 실패했던 원인을 이제야 깨단하게 되다니.
→ 어떠한 실마리로 말미암아 깨닫거나 분명히 알다.

② 그는 모꼬지 자리에서 가장 기쁜 듯이 춤을 추고 즐겼다.
→ 놀이나 잔치 또는 그 밖의 일로 여러 사람이 모이는 일

③ 그런 일에 곰상스럽게 마음을 쓰다가는 아무 일도 못하네.
→ 말이나 행동이 보기에 천하고 교양이 없다.

④ 우리들만 짬짜미해서 놀러 가기로 한 것이 다소 마음에 걸린다.
→ 남모르게 자기들끼리만 짜고 하는 약속이나 수작

※ 다음 글을 읽고 물음에 답하시오. [18 ~ 19]

> 이것은 소리 없는 ㉠ 아우성
> 저 푸른 ㉡ 해원을 향하여 흔드는
> 영원한 노스탤지어의 손수건
> ㉢ 순정은 물결같이 바람에 나부끼고
> 오로지 맑고 곧은 이념의 푯대 끝에
> 애수는 백로처럼 날개를 펴다.
> 아아, 누구던가.
> 이렇게 슬프고도 애달픈 ㉣ 마음을
> 맨 처음 공중에 달 줄을 안 그는.
>
> -유치환, <깃발>

문 18. 위 시의 '소리 없는 아우성'과 유사한 표현 기법으로만 묶인 것은?

① •뵈오려 안 뵈는 님, 눈 감으니 보이시네.
•산호도 섬도 없는 저 하늘로 / 나를 밀어 올려 다오.

② •두 볼에 흐르는 빛이 / 정작으로 고와서 서러워라.
•폭포는 곧은 절벽을 무서운 기색도 없이 떨어진다.

③ •님은 갔지마는 나는 님을 보내지 아니하였습니다.
•밤에 홀로 유리를 닦는 것은 / 외로운 황홀한 심사이어니.

④ •우리들의 사랑을 위하여서는 / 이별이 이별이 있어야 하네.
•오늘 저녁 이 좁다란 방의 흰 바람벽에 / 어쩐지 쓸쓸한 것만 오고 간다.

문 19. 밑줄 친 ㉠ ~ ㉣ 중 가리키는 대상이 나머지 셋과 다른 것은?

① ㉠ ② ㉡
③ ㉢ ④ ㉣

문 20. ㉠ ~ ㉣과 관련이 있는 한자 성어로 가장 적절하지 않은 것은?

> 척이 그녀의 치맛자락을 끌어 올려 그녀 얼굴에 묻은 피를 대충 문질러 내고 살피니 춘생이었다.
> "춘생이 아니더냐?"
> 그녀는 그 소리에 안간힘을 다해 눈을 떴다. 그러고는 ㉠ 간신히 입술을 달싹거렸다.
> "모두 적병에게 끌려갔어요. 저는 몽석 도련님 업고 도망치다가 그만…. 도련님, 도련님은 어찌 되셨는지…."
> 사력을 다해 그 말을 겨우 하고서 춘생은 영영 눈을 감았다.
> 가족과 아들의 생사를 모른다는 말에 최척은 숨을 쉴 수 없는 통증에 짓눌려 한 발짝도 움직이질 못하다가 한참 후에 찢어지는 듯한 가슴을 부여잡은 채 섬진강에 당도하였다. 창칼에 찔린 수십 명의 노약자들이 모래 바닥에서 울부짖고 있었다.
> 최척은 ㉡ 누구에게 묻지 않아도 상황을 다 알 것 같았다.
> 모래 위에 털퍼덕 주저앉아 물끄러미 강물을 바라보는데 언젠가 아내가 하던 말이 생각났다.
> '한평생 살아가는 동안 우리에게 어떠한 변고가 생길는지요. 지금이야 이렇게 편안하고 즐겁다지만 좋은 것 뒤에는 반드시 마(魔)가 따르기 마련이어서, 그런 걸 생각하면 괜스레 마음이 어수선하고 슬퍼져요.'
> 물새들은 전쟁이고 주검이고 아랑곳하지 않고 핏물이 스며든 강에서 여전히 먹이를 잡고 자맥질을 하고 있었다.
> '여보, 어디 있소? 몽석아, 어디 있는 게냐?'
> 가족을 다 잃었는데 혼자서만 살아남을 수는 없다고 생각한 척은 ㉢ 무작정 물속으로 걸어 들어갔다. 섬진강 물이 무릎께를 넘고 허리를 넘어 겨드랑이를 휘감을 때 사람들이 서둘러 구해 내어 목숨을 버리지도 못하였다. 그는 반미치광이처럼 허위허위 강 상류 쪽으로 걸어갔다.
> 하지만 막상 갈 데도 없었으므로 샛길을 찾아 사흘 밤낮을 걸어 겨우 고향 마을에 닿았는데, 곳곳이 온통 쑥대밭이 되어 있었다. 불살라지고 무너지고 시신들은 나뒹굴고, 그런 장면들을 ㉣ 차마 눈뜨고 볼 수 없어 그는 마을을 벗어나 걷기 시작했다.
> \- 조위한, <최척전>

① ㉠: 氣盡脈盡 ② ㉡: 明若觀火
③ ㉢: 自暴自棄 ④ ㉣: 刮目相對

문 21. 다음 글을 읽고 '란체스터 법칙'을 잘못 이해한 것은?

> 영국의 항공학자 란체스터는 1, 2차 세계대전의 공중전 결과를 분석하면서, 전투기 등 확률 무기가 사용되는 전투에서는 전투 당사자의 원래 전력 차이가 결국 전투의 승패는 물론이고 그 전력 격차를 더욱 크게 만든다는 사실을 발견하게 되었다. 전력상 차이가 있는 양자가 전투를 벌인다면, 원래 전력 차이의 제곱만큼 그 전력 격차가 더 커지게 된다는 것이 란체스터의 법칙이다. 가령, 성능이 같은 아군 전투기 5대와 적군 전투기 3대가 공중전을 벌인다면 최종적으로 살아남는 아군 전투기는 2대가 아니라 그 차이의 제곱인 4대가 된다는 것이다.
> 그런데 약자가 전투 조건을 다르게 가져간다면, 약자도 강자와의 싸움에서 이길 수 있다는 것을 란체스터의 법칙은 시사한다. 예를 들어 보자. 7대의 전투기를 가진 적군과 5대의 전투기를 가진 아군이 싸우려고 할 때 란체스터의 말대로라면 5:7로 동시에 전면전을 치러서는 곤란하다. 만일 그렇게 하면 적군의 전투기 3대를 격추시키는 대가로 아군 전투기 5대가 모두 격추당하는 신세가 될지도 모른다. 그렇다면, 전력상 열세에 있는 아군은 어떻게 전투를 해야 할까? 우선 5대의 아군 전투기로 뒤에 처져 있는 적군 전투기 3대를 집중 공략하는 것이다. 그렇게 5:3의 전투를 벌이면, 란체스터의 법칙에 따라 적군 전투기 3대를 격추시키고 아군 전투기 1대만이 격추당하게 된다. 남은 4대의 아군 전투기로 다시 다른 2대의 적군 전투기를 집중 공격한다. 그렇게 4:2의 전투를 벌이면, 적군 전투기 2대를 격추시키고 아군 전투기는 4대가 모두 무사할 수 있다. 이제 남은 적군의 전투기는 2대에 불과하다. 나머지 2대의 적군 전투기도 결국 4대의 아군 전투기에 모두 격추당하고 말 것이다.
> 마찬가지로 우리 기업들이 세계 일류 기업들과의 경쟁에서 승자가 되기 위해서는 우선 상대방의 취약점을 찾아 이를 집중 공략하는 것이 필요하다. 계속해서 상대방의 취약 부분을 찾아 차례로 집중 공략한다면, 점차 격차가 줄면서 결국 약자도 강자가 될 가능성이 높아진다. 만일 약자라면, 가급적 강자와의 전면전을 피하고 상대방의 취약점을 집중 공략해 가는 국지전적인 게릴라 전법이 유효한 것이다. 반대로 강자의 입장에서는 약자의 국지적 공격을 피하고 가급적 전면전을 펼치는 것이 유리할 것이다.

① 강자는 약자의 게릴라 전법을 역이용하여 국지전을 펼치는 것이 유리하다.
② 아군 전투기 6대가 적군 전투기 4대와 싸운다면 아군 전투기는 4대가 살아남는다.
③ 한국의 기업이 세계 일류 기업과의 경쟁에서 이기려면 그들의 취약점을 집중 공략해야 한다.
④ 아군이 5대의 전투기로 7대의 전투기를 가진 적군과 싸워 이기려면 5:7의 전면전은 피해야 한다.

문 22. ㉠~㉣에 대한 이해로 가장 적절하지 않은 것은?

> ㉠ 운동장에서 운동을 하다.
> ㉡ 이 학생을 어떻게 할까요?
> ㉢ 모임 장소는 식당으로 하였다.
> ㉣ 배 한 개에 3,000원이나 한다.

① ㉠~㉢의 서술어는 모두 타동사이다.
② ㉠~㉢은 모두 필수적 부사어를 필요로 하는 서술어이다.
③ ㉠의 '하다'보다 ㉡의 '하다'는 더 많은 성분을 필요로 하는 서술어이다.
④ ㉠과 ㉣의 '하다'는 서술어 자릿수가 동일하다.

문 23. ㉠의 생각과 관련된 속담으로 가장 적절한 것은?

> 1920년대부터 인구 증가로 고통받던 ㉠ 이 부족은 1960년대 중반 평균 강수량보다 많은 비가 내려 목초가 풍부해지자 경쟁적으로 가축의 수를 크게 늘려 개인적인 이익을 취하기 시작하였다. 그 후 날씨가 건조해지자 그들은 삶의 질을 유지하기 위하여 더 많은 가축들을 방목하는 것으로 대응하였다. 그 결과 그들의 삶의 터전인 목초지는 서서히 사막으로 변하여 생존이 불가능하게 되었다.

① 우선 먹기는 곶감이 달다
② 간에 붙었다 쓸개에 붙었다 한다
③ 사공이 많으면 배가 산으로 올라간다
④ 콩 심은 데 콩 나고 팥 심은 데 팥 난다

문 24. 단어의 표준 발음과 로마자 표기가 모두 바른 것은?

① 묵호: [무코], Muko
② 백제: [백쩨], Baekjje
③ 울릉: [울릉], Ulleung
④ 한양: [한:냥], Hannyang

문 25. 다음 글의 내용과 일치하지 않는 것은?

> 특정한 사회 현상을 분석할 때 우리는 사회 현상에 대한 조사를 하게 된다. 사회 현상에 대한 조사는 사회 현상 속에 내재되어 있는 인간의 행동이나 심리를 다루는 것이기 때문에 측정 방법이나 관찰 시점에서 다양한 외적 변수에 노출될 소지가 있어 오차가 발생할 가능성이 높다. 사회 현상 조사에서 오차는 측정하려는 현상의 실젯값, 즉 참값과 측정의 결괏값 사이에 차이가 나는 것을 가리킨다. 사회 현상 조사에서는 측정하고자 하는 대상의 속성을 규명하기 어렵고 측정 도구도 완벽하게 개발되기 어려우므로 측정상의 오차가 거의 모든 경우에 발생한다. 이러한 오차 발생의 원인으로는 몇 가지를 들 수 있다.
>
> 먼저 측정 방법 자체가 잘못된 경우이다. 조사의 목적에 맞지 않는 방법을 사용하여 측정자의 의도나 측정하고자 하는 내용이 명확히 전달되지 않고 측정 대상자마다 이를 다르게 해석하여 결과가 왜곡되는 경우가 있을 수 있다. 예를 들어 소득을 측정할 때, 명목 금액인지 실제 수령 금액인지를 명확히 하지 않으면 다르게 해석될 수 있다. 둘째, 측정 도구와 측정 대상자들의 상호 작용으로서, 측정 도구에 익숙한 정도, 반응 형태 등이 오차를 발생시킬 수 있다. 예를 들어 어느 학교 학생들의 영어 실력을 측정하고자 할 때, 다양한 측정 도구를 사용하지 않고 반복적으로 듣기 문제만을 측정 도구로 삼았을 경우, 조사 대상자가 측정 도구에 익숙해져 첫 번째 시험보다는 두 번째 시험 결과가 더 좋을 가능성이 높다. 셋째, 조사자와 측정 대상자 간의 상호 작용으로 인해 오차가 발생할 가능성이 있는데 조사자의 태도나 조사자와 측정 대상자의 관계 등에 측정 대상자가 영향을 받으면 조사 결과가 달라질 수 있다. 예를 들면 조사자가 친절하게 설명하거나 조사자와 측정 대상자가 친밀한 관계일수록 보다 호의적인 답변을 얻어 낼 가능성이 있다. 넷째, 사전에 조사와 관련된 조건을 동일하게 정해 두지 않으면 측정 시점이나 기간, 답변 시간 등에 따라 측정 결과가 왜곡될 수 있다. 측정 기간이나 시간에 따라 측정 대상자의 경험이나 기분 등이 측정에 영향을 끼칠 수 있기 때문이다. 다섯째, 측정 대상자가 있는 환경에 영향을 받는 것으로 지역이나 공간 상황 등에 의해 결과가 판이하게 다르게 나타날 가능성이 있다.
>
> 이상의 원인으로부터 발생하는 오차는 오차가 발생하는 유형에 따라 체계적 오차와 비체계적 오차로 구분되는데, 체계적 오차는 오차가 항상 일정한 방향으로 일어나, 측정 결과가 참값으로부터 한쪽으로 편향되는 오차를 말한다. 따라서 측정 결과로 자료의 분포가 한쪽에 모여 있을 경우에는 편향되어 있는 쪽으로 그래프가 높게 나타난다. 체계적 오차는 주로 지식이나 교육, 정보, 경제 수준 등이 조사 내용에 체계적으로 영향을 미쳐 발생하는 오차를 말한다. 비체계적 오차는 측정 대상자의 피로, 기억 또는 감정 변동 등과 같은 임의적인 변수가 측정 대상자, 측정 과정, 측정 수단, 측정자 등에 일관성 없이 영향을 미쳐 무작위로 발생하는 오차를 말한다. 이 오차는 인위적이거나 체계적인 것이 아니므로 측정 결과가 참값으로부터 넓게 분산되는 결과를 얻게 된다. 하지만 임의적인 변수들이 서로 영향을 미쳐 상쇄되는 경우도 있다.

① 사회 현상 조사는 사회 현상과 관련된 인간의 행동이나 심리를 다룬다.
② 다양한 외적 변수는 사회 현상 조사에서 오차 발생의 가능성을 높일 수 있다.
③ 측정 대상자의 경제 수준에 영향을 받아 발생하는 오차는 비체계적 오차에 해당한다.
④ 측정 대상자의 기분이나 환경에 영향을 받지 않을수록 측정상의 오차가 줄어들게 된다.

약점 보완 해설집 p.11

제4회 실전모의고사

문 1. 다음 중 표준 발음으로 옳지 않은 것은?

① 긁적긁적 → [극쩍끅쩍]
② 야들야들 → [야들랴들]
③ 갉작갉작하다 → [각짝깍짜카다]
④ 유들유들하다 → [유들류들하다]

문 2. 다음 글과 동일한 성격의 오류를 범한 것은?

> 오늘 집단 식중독에 걸린 학생들 중 아침에 우유를 먹은 학생들이 일부 있는 것을 보면 우유가 설사의 원인이라고 할 수 있다.

① 그 사람은 과거에 범죄를 저지른 적이 있으므로 그가 하는 말은 모두 믿을 수 없다.
② 우주에 외계인은 존재하지 않는다. 왜냐하면 아직까지 내 앞에 나타나지 않았기 때문이다.
③ 여자가 남자보다 언어 표현력이 뛰어나다. 그러므로 영희가 철수보다 언어로 표현하는 능력이 더 좋다고 할 수 있다.
④ 철수는 저번 중간고사 성적이 영희보다 더 높았다. 그러므로 철수가 영희보다 공부를 더 잘하는 학생이라고 할 수 있다.

문 3. 다음 작품의 '나'가 처한 상황을 가장 잘 나타낸 것은?

> "제가 혼자 산 속에서 지키고 있는데 많은 도적들이 갑자기 들이닥쳤습니다. 박살날 것 같아 죽을힘을 다해 달아나 겨우 목숨을 보존하게 되었습니다. 이 보물이 아니었다면 제가 어찌 이런 위험에 처했겠습니까?"
>
> - 작자 미상, <운영전>

① 鳥足之血 ② 刻苦勉勵
③ 命在頃刻 ④ 氣高萬丈

문 4. ㉠~㉢에 대한 이해로 적절하지 않은 것은?

> ○ ㉠ 겉멋만 내지 말고 내실을 다져라.
> ○ ㉡ 꽃식물은 꽃이 피어 씨로 번식하는 식물이다.
> ○ 그는 초면인데도 불구하고 나를 ㉢ 낮잡는 듯했다.

① ㉠: 음절 끝의 자음이 'ㄴ'으로 바뀌는 비음화가 두 번 일어났다.
② ㉡: 음절 끝의 자음이 'ㅇ'으로 바뀌는 비음화가 한 번 일어났다.
③ ㉠, ㉡, ㉢: 음절 끝의 자음이 'ㄷ'으로 바뀌는 음절의 끝소리 규칙이 일어났다.
④ ㉡, ㉢: 'ㅁ'으로 인해 비음화가 일어났다.

문 5. 다음 글을 통해 알 수 없는 것은?

> 공경하건대, 우리 전하께서 임어(臨御)하신 이후로 언로를 활짝 열어서 일이 있으면 말을 구하고, 재앙을 만나면 말을 구하시었습니다. 조회에 임하시어 여러 번 탄식하시고, 매양 듣기를 즐겨 하시는 생각이 간절하였습니다. 그러나 이 10년 동안을 회고하면, 일찍이 과감한 말로 숨김없이 간한 자가 한 사람이나마 있었습니까. 우물거리는 것이 버릇이 되었고, 여러 입은 재갈을 물린 듯하여 아침 볕에 봉새 소리가 들리지 않고, 의장(儀仗) 아래에 말[馬] 소리가 없게 되었습니다. 간혹 공거(公車)에 소장(疏章)을 바치는 자가 있으나 그 당파에 대한 사심(私心)을 끼고 서로 넘어뜨릴 계책을 부리려는 것뿐입니다. 이렇게 되니 대관(大官)과 백료들도 오로지 임시방편으로 하기만 일삼고, 국가 계획과 민생의 걱정은 문제도 삼지 않은 채 버려둡니다. 혹 초야(草野)의 사람으로서 소회(所懷)가 있어 아뢰고자 하는 자는 미친 사람으로 지목하여, 조참(朝參) 때에 전정(殿庭)에 들어가서 일을 의논하는 자는 오활하다고 지목합니다. 법을 잡은 자의 논의와 관사(官師)의 규간(規諫)하는 것도 적절하게 들리지 않으니 전하의 뜰에 언론(言論)이 없은 지가 오래됩니다.

① 나라 일에 대해 袖手傍觀하는 신하들의 태도
② 朝變夕改로 바뀌는 일관성 없는 정책의 모습
③ 姑息之計에 불과한 정책만 내놓는 신하들의 태도
④ 당파의 이익에만 사로잡혀 신하들끼리 泥田鬪狗하는 모습

문 6. 다음 글을 요약한 것으로 가장 적절한 것은?

> 일반적으로 수요의 가격 탄력성이 작은 소비자일수록 더 높은 가격을 낼 마음을 갖는다고 말할 수 있다. 가격 탄력성이 작다는 것은 가격이 올라가도 수요량을 별로 줄이지 않는다는 것을 의미한다. 반면에 가격 탄력성이 크다는 것은 가격이 조금만 올라도 수요량이 큰 폭으로 줄어든다는 것을 뜻한다. 따라서 가격 탄력성이 큰 소비자는 높은 가격을 지불할 마음을 갖지 않은 사람이라고 말할 수 있다. 판매자는 이러한 특성을 이용해 가격 탄력성이 상대적으로 큰 소비자 집단의 수요를 발생시키기 위해 할인을 해 주는 형태로 가격 차별을 하는 경우가 많다.

① 같은 제품을 많은 양으로 구입하는 사람들에게 할인을 해 주는 것이 판매자가 가격 차별을 하는 방식이다.

② 가격이 비싸더라도 그 물건을 구입할 사람들에게 할인을 해 주는 것이 판매자가 가격 차별을 하는 방식이다.

③ 가격이 비쌀 경우 그 물건을 구입하지 않을 사람들에게 할인을 해 주는 것이 판매자가 가격 차별을 하는 방식이다.

④ 가격이 저렴하더라도 그 물건을 구입하지 않을 사람들에게 할인을 해 주는 것이 판매자가 가격 차별을 하는 방식이다.

문 7. 밑줄 친 말의 표기가 바르지 않은 것은?

① 하마터면 큰일 날 뻔했다.

② 너는 어딜 가든 주책이구나.

③ 아이들이 눈을 비비며 일어난다.

④ 비가 개이고 하늘에는 구름도 없다.

문 8. 다음 중 '친교'의 의도로 발화한 것은?

① (지각을 한 학생에게) 지금이 몇 시니?

② (오랜만에 만난 선배에게) 잘 지내셨어요?

③ (학급 회의 시간에) 회의를 시작하겠습니다.

④ (창문을 가리키며) 철수야, 방이 너무 춥구나!

문 9. 다음 글에 대한 이해로 가장 적절한 것은?

> 물은 하나의 국가요, 용은 그 나라의 군주다. 물고기 가운데 큰 것으로 고래, 곤어, 바닷장어 같은 것은 군주를 안팎에서 모시는 여러 신하이다. 그다음으로 메기, 잉어, 다랑어, 자가사리 같은 것은 서리나 아전의 무리다. 이 밖에 크기가 한 자 못 되는 것들은 물나라의 만백성이라 할 수 있다. 상하가 서로 차례가 있고 큰 놈이 작은 놈을 통솔하니, 그것이 어찌 사람과 다르겠는가?
>
> 그러므로 용은 물나라를 다스리면서, 날이 가물어 마르면 반드시 비를 내려 주고, 사람이 물고기를 다 잡아 버릴까 염려하여서는 큰 물결을 겹쳐 일어나게 하여 덮어 준다. 그러한 것이 물고기에 대해서 은혜를 끼침이 아닌 것은 아니다.
>
> 하지만 물고기에게 인자하게 베푸는 것은 한 마리 용뿐이요, 물고기를 학대하는 것은 수많은 큰 물고기들이다. 고래와 암코래는 조류를 들이마셔서 작은 물고기를 잡아먹는 일을 자신의 시서(詩書)로 삼고, 교룡과 악어는 물결을 헤치며 삼키고 씹어 먹어 작은 물고기를 잡아먹는 것을 거친 땅의 농사일로 삼으며, 문절망둑, 쏘가리, 두렁허리, 가물치의 족속은 틈을 타서 발동을 해서 작은 물고기를 자신의 은이요 옥으로 삼는다. 강자는 약자를 삼키고, 지위가 높은 자는 아랫것을 약탈하니, 진실로 강한 자, 높은 자가 싫증 내지 않는다면 작은 물고기는 반드시 남아나지 않을 것이다.
>
> 슬프다! 작은 물고기가 없다면 용이 누구와 더불어 군주가 되며, 저 큰 물고기들이 어찌 으스댈 수 있겠는가? 그러므로 용의 도리란 작은 물고기들에게 구구한 은혜를 베풀어 주는 것보다, 차라리 먼저 그들을 해치는 족속들을 물리치는 것만 못하리라!
>
> 아아, 사람들은 물고기에게만 큰 물고기가 있는 줄 알고 사람에게도 큰 물고기가 있는 줄을 알지 못하니, 물고기가 사람을 슬퍼하는 것이 어찌 사람이 물고기를 슬퍼하는 것보다 심하지 않다고 하랴?
>
> \- 이옥, <어부(魚賦)>

① 계절의 순환을 바탕으로 글을 전개하고 있다.

② 부정적인 상황에 대한 서술자의 인식을 드러내고 있다.

③ 체험을 통해 거스를 수 없는 자연의 섭리에 대해 깨닫고 있다.

④ 부정적 인물에 대한 서술자의 대결 의지가 직접적으로 드러나 있다.

문 10. <보기>를 바탕으로 다음 작품을 감상한 것으로 적절하지 않은 것은?

> 풀이 눕는다.
> 비를 몰아오는 동풍에 나부껴
> 풀은 눕고
> 드디어 울었다.
> 날이 흐려서 더 울다가
> 다시 누웠다.
>
> 풀이 눕는다.
> 바람보다도 더 빨리 눕는다.
> 바람보다도 더 빨리 울고
> 바람보다도 먼저 일어난다.
>
> 날이 흐리고 풀이 눕는다.
> 발목까지
> 발밑까지 눕는다.
> 바람보다 늦게 누워도
> 바람보다 먼저 일어나고
> 바람보다 늦게 울어도
> 바람보다 먼저 웃는다.
> 날이 흐리고 풀뿌리가 눕는다.
>
> \- 김수영, <풀>

> <보기>
>
> 모순과 부조리가 가득한 상황에서 민중은 핍박과 억압을 당하며 시련과 고통의 삶을 살아간다. 이러한 상황에서 민중은 두 가지의 모습을 보인다. 첫째는 고통스러운 현실에 대해 수동적이고, 나약하여 고통스러운 현실에 순응하는 삶을 사는 것이다. 고통스러운 현실에 몸을 낮추어 가며 살아간다. 하지만 어느 순간 민중은 역사의 물줄기를 바꾸는 현장의 중심에 나타난다. 강인한 생명력을 바탕으로 부조리한 현실에 버텨온 민중은 변혁과 혁명을 위해 적극적이고 능동적인 태도로 역사의 주체가 되는 것이다.
>
> 즉 민중은 부조리한 현실 속에서 순응하고 있더라도 언제라도 현실 변혁을 위해 적극적으로 나설 수가 있는 존재인 것이다.

① 1연에서 '풀이 눕고, 우는 모습'은 민중의 나약한 모습이라고 볼 수 있겠군.

② 2연에서 '바람보다도 먼저 일어난다.'는 민중의 적극적이고 능동적인 모습으로의 변화를 의미하는군.

③ 3연에서 '날이 흐리고 풀뿌리가 눕는다.'는 미래에도 민중의 수동적인 모습이 지속될 것임을 암시하고 있군.

④ 3연에서는 풀이 눕고, 일어나고, 울고, 웃는 모습을 통해 민중의 나약하고 강인한 모습이 반복되고 있음을 알 수 있군.

문 11. ㉠ ~ ㉥에 대한 설명으로 가장 적절하지 않은 것은?

> ㉠ <u>여기</u>는 ㉡ <u>어둡다</u>. 그러나 저기는 ㉢ <u>밝다</u>. 그러니 ㉣ <u>너</u>는 밝은 곳에 ㉤ <u>가서</u> ㉥ <u>책</u>을 읽어라.

① ㉠은 체언이다.

② ㉢과 ㉤은 품사가 동일하다.

③ ㉣은 대명사이고, ㉥은 명사이다.

④ ㉡, ㉢, ㉤은 모두 활용한다는 공통점이 있다.

문 12. 다음 중 문장 부호의 쓰임이 바르지 않은 것은?

① 나이[年歲], 손발[手足]

② 깨트리다/깨뜨리다, 착한 사람/악한 사람

③ 동사·형용사를 합하여 용언이라고 한다.

④ 나는 "일이 다 틀렸나 보군." 하고 생각하였다.

문 13. 다음 글의 제목으로 가장 적절한 것은?

> 루만은 도덕을 본질적으로 접근하지 않고 기능적으로 분석한다. 그는 사회와 인간을 동질적인 것으로 보며 이 둘을 규범으로 접착시키는 전통적인 관점도 거부한다. 루만은 규범의 절대성도 인정하지 않으면서, 도덕을 사람들이 상호 간에 표현하는 존중, 무시를 결정하는 사회적 조건이라는 경험적 현상으로 파악할 것을 제안한다. 그는 경험적 현상으로 파악된 도덕을 윤리학은 선악 약호에 따라 평가하고, 사회학은 사실 약호에 따라 관찰할 것을 권고한다.
>
> 루만은 이른바 도덕 논증의 윤리학을 지양하고, 도덕적 사실의 이론적 토대를 마련하는 윤리학을 추구한다. 도덕 현상에 관한 루만의 사회학적 관찰과 분석은 여러 의미 있는 발견을 제시한다. (중략) 도덕 사회학에 대한 루만의 이러한 공헌들은 사회학에 내재하는 도덕주의적 요소들을 제거하고, 경험적 도덕 사회학을 정립할 발판으로 평가할 만하다.

① 사회와 인간의 동질성 분석

② 도덕을 선악 약호로 평가하는 방법

③ 도덕적 사실과 경험적 현상에 근거한 윤리학

④ 사회학에 내재하는 도덕 요소에 대한 의미 있는 발견

문 14. 밑줄 친 ㉠~㉣에 해당하는 한자로 적절하지 않은 것은?

> 경제학자들은 편익을 얻기 위해 치러야 하는 ㉠ 비용을 기회비용이라고 한다. 편익은 비용의 대가로 얻는 ㉡ 만족, 이익을 뜻한다. 기회비용을 어떻게 사용하는가는 우리가 선택할 수 있다. 그러나 편익을 얻기 위해 기회비용을 ㉢ 지불하고 나면 기회비용은 '매몰비용'이 된다. 매몰비용은 돌려받을 수 없는 비용이다. 한 번 지불하고 나면 돌려받을 수 없기 때문에 여러 가지 상황을 놓고 어떤 ㉣ 결정을 할 때 이미 매몰된 비용들은 감안해서는 안 된다.

① ㉠: 費用　② ㉡: 萬足
③ ㉢: 支拂　④ ㉣: 決定

문 15. ㉠과 문맥적 의미가 가장 유사한 것은?

> 일반적으로 거리는 두 개의 지점이 공간적으로 ㉠ 떨어진 정도를 나타내는 물리적 개념이다.

① 그들의 실력은 평균보다 떨어지는 편이다.
② 식당은 본관과 조금 떨어져 있는 별관에 있다.
③ 아이가 부모와 떨어져 지내는 것은 힘든 일이다.
④ 선수의 달리는 속도가 시간이 지날수록 떨어졌다.

문 16. ㉠에 들어갈 접속 부사로 가장 적절한 것은?

> 《한글 맞춤법》에는 "문장의 각 단어는 띄어 씀을 원칙으로 한다."라고 띄어쓰기 원칙이 명시되어 있다. 이 원칙은 대단히 명쾌해 보여서 '단어'가 무엇인지 알기만 하면 띄어쓰기 문제는 모두 해결할 수 있을 것처럼 보인다. 그러나 실제 띄어쓰기 문제는 이렇게 명쾌하지 않다. 기준으로 제시한 단어의 성격이 분명하지 않기 때문이다. 흔히 조사는 단어로 다루어진다. [㉠] 조사를 띄어 쓰는 일은 없다. 《한글 맞춤법》 제41항에서 '조사는 앞말에 붙여 쓴다.'라는 별도의 조항을 마련한 것도 이 때문이다. 조사가 단어인데도 붙여 쓰는 것을 보면 단어의 개념이 그리 분명하지 않다는 것을 짐작할 수 있다. 그런 까닭에 '단어'를 기준으로 띄어쓰기를 설명하는 것은 좋은 방법이라고 하기 어렵다.

① 그리고　② 왜냐하면
③ 그러므로　④ 그렇지만

문 17. 다음 사전에 대한 설명으로 가장 옳은 것은?

> ○ 이르다[1]【…에】
> 「1」 어떤 장소나 시간에 닿다.
> 「2」 어떤 정도나 범위에 미치다.
>
> ○ 이르다[2]
> 「1」【…에게 …을】【…에게 -고】 무엇이라고 말하다.
> 「2」【…을】【…에게 …을】【…에게 -고】【…에게 -도록】 잘 깨닫도록 일의 이치를 밝혀 말해 주다.
>
> ○ 이르다[3]【…보다】【-기에】
> 대중이나 기준을 잡은 때보다 앞서거나 빠르다.

① '이르다[1]', '이르다[2]', '이르다[3]'은 서로 유의 관계이다.
② '이르다[1]', '이르다[2]', '이르다[3]'은 모두 어간이 바뀌는 불규칙 활용을 한다.
③ '이르다[1]'과 '이르다[2]'는 다의어이지만 '이르다[3]'은 다의어가 아니다.
④ '이르다[1]'과 '이르다[3]'은 명령형과 청유형이 가능하지만, '이르다[2]'는 가능하지 않다.

문 18. 다음 글에서 추론할 수 있는 것은?

> 비자발적인 행위는 강제나 무지에서 비롯된 행위이다. 반면에 자발적인 행위는 그것의 단초가 행위자 자신 안에 있다. 행위자 자신 안에 행위의 단초가 있는 경우에는 행위를 할 것인지 말 것인지가 행위자 자신에게 달려 있다.
>
> 욕망이나 분노에서 비롯된 행위들을 모두 비자발적이라고 할 수는 없다. 그것들이 모두 비자발적이라면 인간이 아닌 동물 중 어떤 것도 자발적으로 행위하는 게 아닐 것이며, 아이들조차 그럴 것이기 때문이다. 우리가 욕망하는 것들 중에는 마땅히 욕망해야 할 것이 있는데, 그러한 욕망에 따른 행위는 비자발적이라고 할 수 없다. 실제로 우리는 어떤 것들에 대해서는 마땅히 화를 내야 하며, 건강이나 배움과 같은 것은 마땅히 욕망해야 한다. 따라서 욕망이나 분노에서 비롯된 행위를 모두 비자발적인 것으로 보아서는 안 된다.
>
> 합리적 선택에 따르는 행위는 모두 자발적인 행위지만 자발적인 행위의 범위는 더 넓다. 왜냐하면 아이들이나 동물들도 자발적으로 행위하기는 하지만 합리적 선택에 따라 행위하지는 못하기 때문이다. 또한 욕망이나 분노에서 비롯된 행위는 어떤 것도 합리적 선택에 따라 행위할 수는 없기 때문이다. 또 자제력이 없는 사람은 욕망 때문에 행위하지만 합리적 선택에 따라 행위하지는 않는다. 반대로 자제력이 있는 사람은 합리적 선택에 따라 행위하지, 욕망 때문에 행위하지는 않는다.

① 욕망에 따른 행위는 모두 자발적인 것이다.
② 자제력이 있는 사람은 자발적으로 행위한다.
③ 자제력이 없는 사람은 비자발적으로 행위한다.
④ 자발적인 행위는 모두 합리적 선택에 따른 것이다.

문 19. 다음 글로부터 알 수 있는 사실이 아닌 것은?

생물의 자연 발생설은 고대로부터 널리 퍼졌던 관념이었다. 하지만 17세기에 이르러 발생에 대한 관찰이 활발해지면서 의문이 제기되었다. 17세기 후반 이탈리아의 레디는 날고기를 병에 담아 가제로 덮어 두면 구더기가 생기지 않고 덮어 두지 않으면 구더기가 생긴다는 관찰에서 구더기가 파리의 알이라는 것을 밝혔다. 이를 계기로 적어도 복잡한 구조를 갖는 생물의 자연 발생설은 부정되었다. 그 후 프랑스의 파스퇴르는 미생물도 역시 어버이 없이는 자연 발생을 하지 않는다는 사실을 입증하였다. 파스퇴르는 유기물을 함유한 액체를 멸균한 후 공기와 접촉시켜도 공기 속의 미생물이나 포자를 적당한 방법으로 없애면 자연 발생이 일어나지 않는다는 것을 실험적으로 증명하여 일반적인 생물의 자연 발생을 부정하는 데 성공하였다.

생명관에 있어서 또 다른 획기적인 사건은 진화론의 등장이다. 진화론에서는 생명이 단순한 것으로부터 복잡한 형태로 진화해 왔다고 주장한다. 진화론에서 주장하는 생물의 진화 과정을 계속 거슬러 올라가면 지구에서 가장 원시적인 생물에 이르게 된다. 그러면 가장 원시적인 생명체는 어떻게 발생하게 되었는가? 생명이 어버이에게서만 비롯되는 것이라면, 생명의 기원은 무한히 거슬러 올라가면 시작이 없다는 모순에 부딪히게 된다.

이러한 모순을 해결하기 위해 생물의 배종이 다른 천체에서 지구로 떨어져 발전했다는 우주 기원설이 나타났다. 1865년 독일의 리히터, 1871년 영국의 캘빈은 고형 입자가 우주 공간에서 날아왔든가 또는 천체끼리의 충돌로 생물을 담고 있는 운석이 우주 공간으로 흩어져 날아와 생명의 배종이 지구로 떨어졌을 것이라고 주장했다. 또, 1903년에 스웨덴의 물리학자 아레니우스는 원시 생물이 우주에서 운석을 타고 지구에 도달했을 이론적 가능성을 제시하기도 했다. 하지만 아레니우스의 학설은 부정되었다. 우주 공간에 존재하는 여러 고에너지 방사선에 견딜 수 있는 생명체는 생각할 수 없기 때문이었다. 그리고 생명의 우주 기원설은, 본질적으로 지구의 생명 기원이라는 문제가 다른 천체에서의 생명 기원이라는 문제로 전가되기 때문에 그 학설이 옳다 하더라도 생명의 기원에 대한 진정한 해결이 되지 않는다.

① 파스퇴르 실험에서 멸균 처리는 필수적이다.
② 우주 기원설은 진화론의 모순을 극복하기 위해 제기되었다.
③ 아레니우스는 우주 공간의 특성을 충분히 고려하지 못한 채 자신의 이론을 제기하였다.
④ 진화론의 모순은 가장 원시적 생명체를 전제하면서도 그것을 해명할 수 있다는 점에 있다.

문 20. 다음 글의 내용에 대한 추론으로 적절하지 않은 것은?

창, 원반, 해머, 포환 등 육상의 던지기 종목 가운데 가장 비거리가 많이 나오는 종목은 무엇일까? 종류에 따라 차이가 있지만, 일반적으로 창은 원반보다 20m 정도 더 날아가고, 해머보다는 10m 정도 더 날아간다. 그 이유가 뭘까? 그것은 해머나 포환이 2m 정도 크기의 서클 안에서 돌면서 던져야 하는 반면, 창은 30여m의 도움닫기를 할 수 있어 가속이 붙기 때문이다. 또 남자 일반 기준으로 창의 무게는 800g에 불과해, 원반이나 해머, 또는 포환의 11 ~ 40%에 지나지 않는다.

창은 가볍고 긴 데다 날아갈 때 포물선을 그리며 높게 날기 때문에, 공기의 저항을 적게 하기 위한 고도의 기술이 필요하다. 그래서 맞바람이 불 때는 28 ~ 29도로 창끝을 낮춰 던지고, 뒤에서 바람이 불 때는 32 ~ 33도로 창끝을 높여 던지게 된다. 선수들이 기록을 향상시키기 위한 기술은 도움닫기 단계부터 시작된다. 마치 야구나 골프에서 선수가 허리를 축으로 상체를 회전시키면서 생기는 힘이 무릎에서 여러 곳을 거쳐 손으로 전해지며 임팩트를 내는 것처럼, 창던지기 선수들도 도움닫기의 마지막 스텝에서 발이 땅에 닿는 순간 그 발과 허리를 축으로 회전력을 만든다. 이 같은 회전력은 '무릎→허리→가슴→팔꿈치→손'의 순서로 조금씩 늦게 전해지기 때문에, 이를 '채찍 효과'라고도 부른다. '채찍 효과'의 회전력은 손목의 강한 스냅에 연결되어 창을 멀리 보내게 된다. 창의 속력은 도움닫기의 가속력이 25%, 창을 뿌리는 힘이 75% 정도를 결정하게 된다. 이처럼 창던지기는 기계 역학적인 요소를 반영하고 있어서 '가장 완벽한 투척 경기'로 꼽힌다.

① 창던지기의 비거리는 도움닫기의 영향을 받는다.
② 창던지기에서는 창의 무게에 제한을 두지 않는다.
③ 창끝의 각도는 바람의 방향을 고려하여 조정해야 한다.
④ 채찍 효과는 회전력을 이용해 창을 멀리 던지는 기술이다.

문 21. 다음 글에서 추론할 수 있는 것만을 <보기>에서 모두 고른 것은?

예술과 도덕의 관계, 더 구체적으로는 예술작품의 미적 가치와 도덕적 가치의 관계는 동서양을 막론하고 사상사의 중요한 주제들 중 하나이다. 그 관계에 대한 입장들로는 '극단적 도덕주의', '온건한 도덕주의', '자율성주의'가 있다. 이 입장들은 예술작품이 도덕적 가치판단의 대상이 될 수 있느냐는 물음에 각기 다른 대답을 한다.

극단적 도덕주의의 입장은 모든 예술작품을 도덕적 가치판단의 대상으로 본다. 이 입장은 도덕적 가치를 가장 우선적인 가치이자 가장 포괄적인 가치로 본다. 따라서 모든 예술작품은 도덕적 가치에 의해서 긍정적으로 또는 부정적으로 평가된다. 또한 도덕적 가치는 미적 가치를 비롯한 다른 가치들보다 우선한다. 이러한 입장을 대표하는 사람이 바로 톨스토이이다. 그는 인간의 형제애에 관한 정서를 전달함으로써 인류의 심정적 통합을 이루는 것이 예술의 핵심적 가치라고 보았다.

온건한 도덕주의는 오직 일부 예술작품만이 도덕적 판단의 대상이 된다고 보는 입장이다. 따라서 일부의 예술작품들에 대해서만 긍정적인 또는 부정적인 도덕적 가치판단이 가능하다고 본다. 이 입장에 따르면, 도덕적 판단의 대상이 되는 예술작품의 도덕적 가치와 미적 가치는 서로 독립적으로 성립하는 것이 아니다. 그것들은 서로 내적으로 연결되어 있기 때문에 어떤 예술작품이 가지는 도덕적 장점이 그 예술작품의 미적 장점이 된다. 또한 어떤 예술작품의 도덕적 결함은 그 예술작품의 미적 결함이 된다.

자율성주의는 어떠한 예술작품도 도덕적 가치판단의 대상이 될 수 없다고 보는 입장이다. 이 입장에 따르면, 도덕적 가치와 미적 가치는 서로 자율성을 유지한다. 즉 도덕적 가치와 미적 가치는 각각 독립적인 영역에서 구현되고 서로 다른 기준에 의해 평가된다는 것이다. 결국 자율성주의는 예술작품에 대한 도덕적 가치판단을 범주착오에 해당하는 것으로 본다.

<보기>

㉠ 자율성주의는 극단적 도덕주의와 온건한 도덕주의가 모두 범주착오를 범하고 있다고 볼 것이다.
㉡ 극단적 도덕주의는 모든 도덕적 가치가 예술작품을 통해 구현된다고 보지만 자율성주의는 그렇지 않을 것이다.
㉢ 온건한 도덕주의에서 도덕적 판단의 대상이 되는 예술작품들은 모두 극단적 도덕주의에서도 도덕적 판단의 대상이 될 것이다.

① ㉠, ㉡　② ㉠, ㉢
③ ㉡, ㉢　④ ㉠, ㉡, ㉢

문 22. 다음 글에 대한 이해로 가장 적절한 것은?

아무리 저녁인들 이 여름에 바람이 싫으니…… 나 역시 이 세상과는 벌써 인연이 멀어진 사람이로구나. 속으로 이렇게 중얼거리며 현일은 앞가슴에 옷자락을 여미고 송장 같은 도영의 옆에 엎디었다.

절망과 패기. 비관과 낙관. 그 두 가지 정반대의 생각을 번갈아 가며 지금까지 살아왔거니.

절망과 비관으로는 살아갈 수가 없었다. 뼈를 깎는 듯한 절망에 부대끼다 못하여 애써 빈약하지만 자기의 철학의 지식을 끄집어내어 구원한 인생의 발전을 명상해 볼 때에는 청징한 공기를 호흡하듯이 상쾌함을 느끼는 때도 있었다. 그때마다 자기도 한 짐을 맡았으면 하는 패기도 느껴 보는 것이다. 그러나 그러한 인생을 등지고 죽어 가는 자신을 생각할 때 깊은 바닷속으로 빠져들어가는 듯한 절망을 느낄밖에 없었다. 그러나 그것이 오직 자기의 세계라면 참고 사는 때까지 살아가리라 하였다. 그러나 또 견딜 수가 없었고 아직 남은 마음의 탄력으로 또 상쾌한 명상으로 떠올라 보는 것이었다.

그러나 지금 내게는 무엇이 남았으랴. 절망인들 남았으랴. 죽어 가는 폐어에게 물도 공기도 무슨 소용이랴. 지금 폐어는 반신(半身) 물에 잠기고 반신 바람에 불리면서도 두 가지 호흡의 기능을 다 잃고 죽어가는 것이라고 현일은 꿈속같이 생각하며 죽은 듯이 엎뎌* 있었다.

- 최명익, <폐어인>

* 엎디다: '엎드리다'의 준말

① 인물의 성격을 외양의 감각적 묘사를 통해 제시하고 있다.
② 인물의 내적 독백을 제시하면서 인물의 내면 의식을 진술하고 있다.
③ 공간적 배경을 사실적으로 제시하여 사건 전개의 필연성을 확보하고 있다.
④ 관찰자의 시점에서 인물과 일정한 거리를 유지하면서 인물의 행적을 제시하고 있다.

문 23. 밑줄 친 단어 중 어법에 맞지 않는 것은?

① 목수는 집을 짓고 미장이는 벽을 바른다.

② 분위기를 즐기는 그는 멋장이로 소문나 있다.

③ 그녀는 연기가 뭔지도 모르는 풋내기 배우였다.

④ 나는 평생을 서울내기로 살다 5년 전 귀농하였다.

문 24. 밑줄 친 한자어의 뜻풀이로 옳지 않은 것은?

① 고려 시대에는 문신을 요직에 중용(重用)하였다.
→ 중요한 자리에 임용함.

② 왕을 폐립한 무리들은 새로운 왕을 추대(推戴)했다.
→ 직무를 맡기어 사람을 씀.

③ 그 노래는 오늘날까지 많은 사람 사이에 널리 회자(膾炙)되고 있다.
→ 칭찬을 받으며 사람의 입에 자주 오르내림.

④ 민의를 창달(暢達)하는 데는 언론의 역할이 중요하다.
→ 의견, 주장, 견해 따위를 거리낌이나 막힘이 없이 자유롭게 표현하고 전달함.

문 25. ㉠ ~ ㉣ 중 단어들의 의미 관계가 가장 이질적인 것은?

> 나는 일단 마음에 ㉠ 드는 사람이 있으면 적극적으로 나섰다. 열렬한 구애 덕분에 나는 그녀와 결혼할 수 있었다. 결혼 전 나는 집을 장만하기 위해 주택 적금에 ㉡ 들었다. 그러고 나서 그녀에게 프러포즈를 했다. 내가 프러포즈를 하자, 그녀는 얼굴을 ㉢ 들어 나를 바라보았다. 그렇게 우리는 결혼을 했다. 결혼한 후부터 나는 일찍 일어나는 습관이 ㉣ 들었다.

① ㉠ ② ㉡

③ ㉢ ④ ㉣

약점 보완 해설집 p.16

제5회 실전모의고사

문 1. 국어 순화가 옳지 않은 것은?

① 아카이브(archive) → 자료 보관소
② 박스 오피스(box office) → 관객 수
③ 스크린 도어(screen door) → 안전문
④ 안티에이징(anti-aging) → 노화 방지

문 2. <보기>의 문장에 대한 설명으로 적절하지 않은 것은?

<보기>
○ 주동문: 동생이 신문을 읽다.
○ 사동문: 어머니가 동생에게 신문을 읽히다.

① 사동 접미사가 붙어 사동사가 만들어졌다.
② 주동문의 주어는 사동문의 부사어가 되었다.
③ '읽다'에 '-게 되다'를 붙여 사동문을 만들 수 있다.
④ 사동문의 부사격 조사를 '(으)로 하여금'으로 바꿀 수 있다.

문 3. 밑줄 친 ㉠~㉣에 해당하는 한자로 적절하지 않은 것은?

인간은 놀이를 할 때 비로소 완전한 인간이 된다. 일은 세계를 이용해야 할 대상으로 보는 활동인 반면, 놀이는 세계를 설명하고 ㉠ 이해하고자 하는 마음이 담긴 활동이다. 놀이는 그 어떤 것의 수단이 아니며 그 자체로 의미와 가치를 지닌다. 철학, 과학, 역사는 세계에 대한 이해와 설명으로 들어가는 각기 다른 모험들이다. 이런 ㉡ 교과를 배워서 철학자, 역사가, 과학자의 ㉢ 사유 방식을 탐구하는 동안 우리는 일하는 것이 아니라 이들과 대화를 통해 놀이하는 것이다. 학교는 직업적 숙련성을 ㉣ 양성하는 장소가 아니다.

① ㉠: 理解
② ㉡: 教課
③ ㉢: 思惟
④ ㉣: 養成

문 4. 다음 중 ㉠과 바꿔 쓰기에 가장 적절한 것은?

환경 단체에서는 도심 환경을 파괴하는 고층 건물의 건설을 ㉠ 막으려 하였다.

① 沮害하려
② 沮止하려
③ 遮斷하려
④ 抑制하려

문 5. <한글 맞춤법> 규정에 맞는 문장으로 옳은 것은?

① 아침 일찍 이불을 젖히고 일어났다.
② 배경 음악이 그 장면을 잘 바쳐 주었다.
③ 아홉 살이 되어서야 한글을 겨우 깨우쳤다.
④ 이 자리를 빌어서 감사의 말씀을 드립니다.

문 6. 문장의 짜임이 나머지 셋과 다른 것은?

① 봄이 오면 꽃이 핀다.
② 눈이 빠지도록 기다렸다.
③ 우리는 인간이 존귀하다고 믿는다.
④ 기온이 내려가는 겨울이 시작되었다.

문 7. ㉠ ~ ㉣ 중 <보기>가 들어갈 자리로 가장 적절한 곳은?

> <보기>
> 그리하여 인류는 세상의 어딘가에는 현실과 달리 모든 것이 만족스러운, 이상 세계가 있을 것이라고 상상해 왔다.

> 인류는 항상 생존을 위해 노력해 왔고 동시에 가장 바람직한 삶을 추구해 왔다. [㉠] 이렇게 상상된 공간을 흔히 유토피아라고 부른다. [㉡] 유토피아는 16세기에 영국의 토머스 모어가 처음 사용한 말이지만, 유토피아의 개념은 동양과 서양에 모두 존재했다. 동양과 서양의 유토피아는 공통적으로 현실을 초월한 세계의 모습을 담고 있다. [㉢] 동양의 유토피아는 '산해경(山海經)', '무릉도원(武陵桃源)', '삼신산(三神山)', '대동(大同) 사회' 등으로 유형을 나눌 수 있다. 반면 서양의 유토피아는 '코케인', '아르카디아', 기독교의 '천년 왕국', 토머스 모어의 '유토피아' 등으로 유형이 구분된다. [㉣]

① ㉠ ② ㉡
③ ㉢ ④ ㉣

문 8. <보기>의 밑줄 친 '대'와 한자가 같은 것은?

> <보기>
> 사고 때의 <u>대</u>피를 포함한 방재 훈련이 실시되었다.

① 웨딩드레스는 <u>대</u>여를 하기로 결정했다.
② 급변하는 사태에 대한 신속한 <u>대</u>응이 필요하다.
③ 손님에게 식사 <u>대</u>접도 변변히 해 드리지 못했다.
④ 본인이 직접 가지 않고 <u>대</u>리인을 시켜 가게 했다.

문 9. 다음 시의 특징에 대한 설명으로 가장 적절한 것은?

> 낙동강 빈 나루에 달빛이 푸릅니다.
> 무엔지 그리운 밤 지향 없이 가고파서
> 흐르는 금빛 노을에 배를 맡겨 봅니다.
>
> 낯 익은 풍경이되 달 아래 고쳐 보니,
> 돌아올 기약 없는 먼 길이나 떠나온 듯,
> 뒤지는 들과 산들이 돌아 돌아 뵙니다.
>
> 아득히 그림 속에 정화(淨化)된 초가집들,
> 할머니 조웅전(趙雄傳)에 잠들던 그날 밤도
> 할버진 율(律) 지으시고 달이 밝았더이다.
>
> 미움도 더러움도 아름다운 사랑으로
> 온 세상 쉬는 숨결 한 갈래로 맑습니다.
> 차라리 외로울망정 이 밤 더디 새소서.
>
> - 이호우, <달밤>

① 3음보의 민요적 율격을 띠고 있다.
② 어린 시절에 대한 회상 부분이 나타나 있다.
③ 부정적인 현실 세계가 '밤'으로 표상되어 있다.
④ 맑고 깨끗한 '과거'와 어둡고 혼탁한 '현재'를 대조하고 있다.

문 10. ㉠에 들어갈 한자 성어로 가장 적절한 것은?

> 미국이 인도에 접근한 것은 중국을 견제하는 한편 인도와 파키스탄 간 세력 균형을 통해 남아시아에서 미국의 주도권을 유지하려는 고도의 계산에서 나온 것이다. 그러나 필요에 따라 이용하다 가치가 없어지면 쉽게 버리는 미국의 [㉠]식 외교의 전형이라는 비판이 제기되고 있다.

① 得意揚揚 ② 甘呑苦吐
③ 傍若無人 ④ 我田引水

문 11. <보기>를 참고할 때, 합성어의 결합 방식에 대한 설명으로 가장 적절한 것은?

> <보기>
> 합성어는 ㉠ <u>어근과 어근의 의미적 결합 방식</u>에 따라 대등 합성어, 종속 합성어, 융합 합성어로 나눌 수 있다. 한편, ㉡ <u>어근과 어근의 형식적 결합 방식</u>에 따라 통사적 합성어, 비통사적 합성어로도 나눌 수 있다.

① ㉠의 기준에서 보면 '비빔밥'과 '걸어가다'는 모두 대등 합성어이다.
② ㉡의 기준에서 보면 '높푸르다'와 '보슬비'는 모두 통사적 합성어이다.
③ '덮밥'은 ㉠에 따르면 융합 합성어이고, ㉡에 따르면 비통사적 합성어이다.
④ '여닫다'는 ㉠에 따르면 대등 합성어이고, ㉡에 따르면 비통사적 합성어이다.

문 12. 밑줄 친 접두사 '한-'의 의미로 적절하지 않은 것은?

> ○ 어머니는 ㉠ <u>한</u>걱정 덜었다고 마음을 놓았다.
> ○ 몸도 안 좋은데 ㉡ <u>한</u>데 너무 오래 있지 마라.
> ○ 할머니는 우리를 ㉢ <u>한</u>길까지 배웅해 주셨다.
> ○ 그는 ㉣ <u>한</u>겨울에도 얇은 옷차림으로 다닌다.

① ㉠: 큰
② ㉡: 바깥
③ ㉢: 쭉 뻗은
④ ㉣: 한창인

문 13. 다음 글에 대한 이해로 적절하지 않은 것은?

> 언어는 시간이 지나면서 변화한다. 같은 언어라도 지역별로 약간씩 다르게 쓰이다가 시간이 지나면서 아예 다른 언어로 갈라지기도 한다. 이때, 갈라지기 전의 옛날 언어를 '공통 조상 언어', 즉 '공통 조어'라 하고 공통 조어에서 갈라진 여러 언어를 묶어 '언어 가족', 즉 '어족'이라고 한다. 예를 들어 '인도·유럽 조어'에서 인도의 산스크리트어, 유럽의 라틴어가 갈라졌고, 이들을 '인도·유럽 어족'이라고 부르는 식이다.
> 그러면 한국어는 어떤 어족에 속할까? 국어는 지금 알타이 어족과의 친족 관계를 가정하고 그것을 증명하려고 연구하는 단계이다. 국어의 계통을 밝히려면 주변에 있는 여러 언어들과 비교하여 공통 요소를 확인해야 한다. 국어와 비교할 만한 대상은 '알타이 어족'의 몽골어, 만주·퉁구스어 등이다. 이들은 모두 첨가어이면서 어미가 발달하였다. 어순이 '주어+목적어+서술어'의 순서로 같고 음운의 공통점과 함께 모음 조화가 공통으로 나타난다.

① 같은 어족에 속한다는 말은 공통 조어가 같다는 뜻이다.
② 한국어는 몽골어와 같은 알타이 어족에 속한다고 증명되었다.
③ 지역별로 다르게 쓰인 언어가 완전히 다른 언어가 될 수도 있다.
④ 한 언어가 어떤 어족인지 알려면 주변의 다른 언어와 비교해야 한다.

문 14. 우리말 어법에 맞고 가장 자연스러운 문장은?

① 당신한테 무슨 잘못을 했다고 이러시오?
② 사람은 남을 속이기도 하고 속기도 한다.
③ 부모님께 다녀와도 좋다는 허락을 맡았다.
④ 여름부터 하루도 거르지 않고 열심히 하고 있다.

문 15. 다음 글을 이해한 내용으로 가장 적절하지 않은 것은?

인도로 가는 것을 목표로 삼았던 콜럼버스가 자신이 도착한 곳을 인도로 착각했다는 일화는 유명하다. 이 때문에 아메리카 대륙에 있었던 원주민은 인도 사람이라는 의미로 '인디언'이라 불리게 되었으며, 카리브해에 떠 있는 섬들에는 '서인도 제도'라는 이름이 붙여졌다. 콜럼버스의 항해 목적은 인도에서 스페인으로 후추를 운반하는 항로를 발견하는 것이었다. 아라비아 상인들이 독점하는 후추는 금과 같은 가치를 지녔다고 할 정도로 고가의 물품이었다. 인도는 후추의 산지였지만 콜럼버스가 발견한 신대륙에 후추는 없었다. 그런데 콜럼버스는 신대륙에서 발견한 고추를 후추를 뜻하는 '페퍼'라고 불렀다.

후추와 고추는 닮은 구석을 찾아볼 수 없는 완전히 별개의 식물이다. 후추는 후춧과의 덩굴식물로, 작은 알갱이의 향신료인 반면, 고추는 가지나 토마토와 같은 가짓과 식물이다. 식물의 생김새는 못 봤다고 하더라도 후추의 톡 쏘는 매운맛과 고추의 불을 뿜는 듯한 매운맛은 전혀 다르다. 후추를 찾으러 갔던 콜럼버스가 후추 맛을 몰랐으리라고 생각되진 않지만, 콜럼버스의 착각 때문에 고추는 지금도 영어로 '핫페퍼(hot pepper)'라 불리고 있다. 고추는 후추보다 뛰어난 특성을 가지고 있다. 후추는 열대 지방에서만 재배할 수 있는 반면, 고추는 온대 지방에서도 재배할 수 있다. 또한 고추는 비타민C를 많이 함유하고 있어서 긴 항해로 채소 섭취가 어려워 비타민C 결핍증에 걸리기 쉬운 선원에게 필수불가결한 식재료가 되었으며, 이로 인해 배에 실려 점차 세계 여러 나라로 퍼져 나가게 되었다.

① 고추와 달리 후추는 온대 지방에서는 재배할 수가 없다.
② 후추와 고추는 전혀 다른 식물이지만 매운맛을 낸다는 공통점이 있다.
③ 원주민을 뜻하는 인디언이라는 용어는 아메리카 대륙 발견과 관련이 있다.
④ 긴 항해로 비타민C 결핍증에 걸리기 쉬운 선원들에게 후추 섭취는 반드시 필요했다.

문 16. 다음 중 글쓴이의 견해와 부합하는 것은?

현대 사회에 들어오면서 행정의 효율성에 비해 행정의 공공성은 점점 약화되어 가고 있다. 사용자 부담 원칙이나 이윤 추구 행위 등 그동안 민간 영역에 적용되어 오던 시장 원리가 행정에까지 확산되고 있는 것이다. 우리나라의 경우 일부 지방 자치 단체에서는 상수도 사업을 민영화하기도 하고, 이름은 공기업이지만 실제로는 100% 수익 사업에 참여하는 기업을 설립하여 운영하기도 한다.

물론 그동안 공동체 구성원 전체의 이익을 강조하는 공공성의 실현을 존재의 근거로 삼은 전통적인 행정이 오히려 불필요한 규제와 비효율, 관료주의, 폐쇄성 등의 문제점을 드러내기도 하였다. 하지만 공익 실현이라는 긍정적 측면은 도외시하고 전통적인 행정의 문제점만 비판하면서, 단지 효율성만을 강조하는 행정의 시장화, 민영화는 그 방식과 속도에 대한 충분한 검토도 없이 매우 빠르게 확산되고 있는 실정이다.

물론 민간의 경영 기법에 의한 성과 관리를 통해 행정의 비효율성을 극복하는 것은 필요하다. 그러나 행정 효율화의 목적이 어디에 있는지가 더 중요하다. 행정의 효율화 자체에 매몰되면 시민 주권을 중시하여 공익을 실현하려는 행정의 공공성을 포기할 수 있기 때문이다. 행정의 공공성이라는 기본 가치를 훼손하면서 진행되는 행정의 시장화, 민영화가 늘 바람직한 것은 아니다. 또 정부의 영역을 벗어나 이윤 추구가 목적인 민간 기업에 행정을 맡겼을 경우, 국민에 대한 책임성을 확보하기가 곤란하다. 이처럼 민영화가 진행되면 효율성의 가치에 비해 공공성과 책임성의 가치가 덜 소중해지고 국민에 대한 배려와 국민 주권에 대한 관심이 소홀해질 수 있는 것이다.

또한 민영화가 이루어질 경우 효율을 중시하다 보면 경영 주체가 엄격한 법 규정을 지키기보다 편법을 동원하는 등 도덕적 해이의 문제가 발생할 가능성이 높고, 그들이 정부를 의식할지는 몰라도 실제 행정의 대상인 국민에 대한 관심은 상대적으로 떨어질 수밖에 없다. 즉 그들이 국민을 권리의 주체인 시민으로서가 아니라 소비의 주체인 경제인으로 보는 한 그들의 경영 행위에 공공성이 개입할 여지는 그만큼 줄어들 가능성이 높다.

이처럼 행정의 민영화가 진행되면 행정에 대한 시민의 민주적인 통제 수단이 약화된다. 즉, 모든 구성원에게 보편적인 서비스를 공급해야 할 공공재적인 성격의 사업인 철도, 전기, 상하수도, 도로, 공항 등의 사업이 민간 기업의 이윤 추구 수단으로 인식되면서 서비스 이용 요금의 급등, 사회 기반 시설에 대한 재투자 부족, 비용 대비 서비스의 질 하락 등 또 다른 문제를 야기할 가능성도 충분히 고려하여야 한다. 요컨대 공공성의 실현과 민영화의 문제는 정부가 어느 하나를 선택해야 하는 문제가 아니라, 그 둘의 원만하고 유연한 조정이 필요한 문제이다.

① 행정의 효율성을 실현하기 위해서는 공공성을 포기해야 한다.
② 행정의 시장화로 인해 시민들의 도덕성이 해이해질 가능성이 높다.
③ 사용자 부담 원칙이 적용되면 보편적 행정 서비스 공급은 줄어든다.
④ 시민을 소비의 주체인 경제인으로 설정할 경우에 행정의 효율성은 약화된다.

문 17. ㉠과 ㉡의 반의어를 바르게 연결한 것은?

> ○ 그는 입을 ㉠ 다물고 있으면 아주 근엄한 사람처럼 보인다.
> ○ 이번에 우리 회사의 근무 시간이 더 ㉡ 줄어 업무 만족도가 아주 높다.

	㉠	㉡
①	열다	늘다
②	벌리다	자라다
③	봉하다	불어나다
④	함구하다	감소하다

문 18. 다음 설명에 해당하는 작품으로 옳은 것은?

> 이 작품은 작가가 임진왜란이 끝난 후 고향으로 돌아가 살고 있을 때 친구인 이덕형이 두메 생활의 어려움을 물은 데 대한 답으로 지은 가사이다. 작가는 자신의 가난한 처지에 대해 진솔하게 털어놓으면서도 자연에 파묻혀 안빈낙도(安貧樂道)하며 충효와 신의, 우애 등의 본분에 충실할 것을 다짐하고 있다. 즉 자신이 겪고 있는 궁핍한 현실의 어려움과 안빈낙도하고자 하는 이상 사이의 갈등을 솔직하게 드러내고 있는 것이다. 또한 이 작품은 일상 언어를 사용하여 일상생활의 모습을 생생하고 구체적으로 묘사하였다. 인물의 대화를 직접 인용하거나, 궁핍한 생활에서 비롯된 감정을 사실적으로 제시하였다. 이러한 점에서 이 작품은 조선 전기 가사가 보여 주었던 자연 완상(玩賞)의 세계에서 벗어나 조선 후기 가사의 새로운 방향을 제시하였다는 의의를 지닌다.

① 견회요 ② 누항사
③ 상대별곡 ④ 농가월령가

문 19. 밑줄 친 단어의 의미 관계가 <보기>와 동일한 것은?

> <보기>
> ㉠ 뱀은 다리가 없지만 빨리 움직인다.
> ㉡ 나는 그 사람을 잘 모르니 자네가 다리가 되어 주게나.

① 햇빛에 눈이 부시다.
그릇을 물로 부시다.
② 수레를 뒤에서 밀다.
턱수염을 깨끗이 밀다.
③ 경찰에게 지은 죄를 불다.
촛불을 입으로 불어서 끄다.
④ 아낙의 입이 어찌나 걸던지.
잔칫집에 가서 걸게 먹고 왔다.

문 20. 다음 중 띄어쓰기가 모두 바른 것은?

① 새∨신발이∨한달을∨못∨가다니.
김∨군,∨어디를∨그리∨급히∨가나?
② 신하가∨임금에게∨바른말을∨간했다.
비행기가∨뜨려면∨아직∨십∨여∨분이∨남았다.
③ 그∨녀석∨고마워하긴커녕∨아는∨체도∨않더라.
집에∨오니∨뜻∨밖에도∨그가∨나를∨기다리고∨있었다.
④ 어렸을∨적에∨할머니는∨옛날이야기를∨자주∨들려주셨다.
하고많은∨것∨중에서∨왜∨하필이면∨썩은∨것을∨골랐느냐?

문 21. 밑줄 친 단어의 표기가 옳지 않은 것은?

① 빵이 생각보다 동그랗네.
② 밤새 눈이 내려서 세상이 허여네.
③ 그는 몸집이 매우 커다래서 옷도 큰 걸 산다.
④ 오늘 수확한 열매가 그렇게 조그맣니 많이 속상하겠구나!

문 22. '중력렌즈 현상'에 대한 이해로 적절하지 않은 것은?

> 밤하늘에 뜬 한 개의 별이 우리 눈에 여러 개로 보이기도 한다면 믿으시겠습니까? 물론 지금 우리 눈의 착시 현상을 말하고 있는 것이 아닙니다. 오늘 저는 중력렌즈 현상이라는 천문 현상을 소개하려고 하는데요. 일반적으로 우리가 보는 렌즈는 투명한 재질로 만들어져 빛이 잘 통과하지만 그 굴절률이 공기하고는 달라서 빛이 렌즈를 통과하는 과정에서 방향이 바뀝니다. 그래서 렌즈를 통해 물체를 보면 그 물체가 확대, 축소, 변형되고 경우에 따라서는 하나의 물체를 여러 개로 보여주기도 합니다. 그러니까 중력렌즈 현상이란 중력장이 빛의 경로를 굴절시키는 렌즈 역할을 하게 되어 빚어지는 현상인 셈입니다.
>
> 중력렌즈 현상을 처음 이론적으로 예견한 사람은 아인슈타인입니다. 아인슈타인의 일반 상대성 이론에 따르면 질량은 시간과 공간을 휘게 하고, 빛처럼 직진하는 성질을 지닌 입자들도 이렇게 휘어진 시공간에서 움직여야 하므로 휘어지는 것처럼 보입니다. 그러니 사실 중력렌즈 현상을 빛이 굴절하는 현상이라고 하면 정확한 표현은 아닙니다. 빛은 직진하는데 공간이 굴절되어 있어서 빛이 굴절되는 것처럼 보일 뿐인 거죠.
>
> 과학자들은 이런 중력렌즈 현상을 이용하여 빛을 내지 않는 천체들의 존재를 관측하고 있습니다. 이를테면 블랙홀 주변의 별빛이 휘어지는 것을 보고 간접적으로 블랙홀의 존재를 추정합니다. 실제로 블랙홀로 추정되는 천체에 의해 생성된 것으로 보이는 중력렌즈는 여러 번 관측되어 왔습니다.

① 빛의 산란 때문에 발생한다.
② 중력이 렌즈처럼 빛을 왜곡하는 현상을 말한다.
③ 눈에 보이지 않는 천체를 발견하는 데 이용할 수 있다.
④ 실제로는 빛이 휘어지는 것이 아니라 공간이 휘어지는 현상이다.

문 23. 다음 글의 주된 전개 방식으로 옳은 것은?

> 글은 어떻게 써야 하는가? '반드시 옛것을 본받아야 한다.'라고 사람들은 말한다. 그리하여 세상에는 마침내 옛것을 모방하면서도 부끄러운 줄 모르는 사람들이 생겨나게 되었다. 이는 주나라의 제도를 본떴던 역적 왕망이 예악을 수립했다는 격이며, 공자와 얼굴이 닮은 양화가 만세의 스승이 될 수 있다는 격이다. 그렇다면 새것을 창안해 내는 것은 어떤가? 그리하여 세상에는 허황되고 괴벽스러운 소리를 늘어놓고도 두려워할 줄 모르는 사람들이 생겨나게 되었다. 이는 임기응변의 조치를 통상의 떳떳한 법전보다 더 훌륭한 양 여기고, 일시적으로 유행하는 노래가 종묘의 음악으로 연주되어도 좋다는 격이다.

① 구분 ② 묘사
③ 유추 ④ 지정

문 24. ㉠~㉣에 대한 예시의 연결이 적절한 것은?

> ㉠ 의도하지 않은 결과를 의도가 있다고 판단하여 생기는 오류
> ㉡ 어떤 집합의 원소가 단 두 개밖에 없다고 여기고 추론하는 오류
> ㉢ 논점과 관계가 없는 것을 제시하여 무관한 결론에 이르게 되는 오류
> ㉣ 수긍할 수 없거나 수긍하고 싶지 않은 것을 전제하고 질문함으로써 수긍하게 만드는 오류

① ㉠: 어차피 인생은 성공한 사람과 실패한 사람, 두 부류로 나뉘게 되어 있어!
② ㉡: 복도에서 시끄럽게 뛰지 말랬지. 어서 들어가서 공부나 해!
③ ㉢: 너 오늘 지각했는데, 반 친구들이 선생님께 혼나고 있는 것을 알고 피하려고 늦은 거지?
④ ㉣: 당신은 당신이 훔친 돈 모두를 유흥비로 탕진했지?

문 25. <보기>의 문장이 들어갈 위치로 가장 적절한 것은?

> <보기>
>
> 한 지역에 특정 산업과 관련된 산업이 많이 모여 있을 경우 물자의 교류가 용이해질 뿐 아니라 지식과 정보의 교류가 손쉽게 이루어지기 마련이다. 경제 지리학자는 물론 경제학자나 경영학자들도 한 지역 내에서 산업의 군집과 전문화를 지역의 경쟁력과 성장의 중요한 요소로 인식하고 있다.

> 정보 통신 기술의 급속한 발전은 21세기 사회를 지식 정보 사회로 전환시켜 가고 있다. [㉠] 정보 통신 기술의 발달은 정보의 흐름을 자유롭게 하는 사이버 공간을 창조하였을 뿐 아니라 '지식 기반 경제', '디지털 경제' 등 사회, 경제적 상황을 새로운 패러다임으로 전환시키고 있는 것이다. [㉡] 그렇지만 정보 통신 기술의 발달로 인한 패러다임의 변화는 결코 지역이나 장소의 중요성을 사라지게 한 것이 아니라 오히려 특정한 지역이나 장소의 중요성을 더욱 부각시키고 있다. [㉢] 사이버 공간에서 상호 작용은 정보 생산자의 하부 구조의 구축 없이는 불가능하며, 정보 흐름의 중심지는 인터넷 허브나 웹 사이트의 호스트가 있는 세계적 대도시에 집중되고 있다. 사이버 공간이 거리를 극복한다 하더라도 핵심 인력이나 두뇌 집단은 공간에 널리 확산되는 것이 아니라 특정 장소나 지역에 집중해 있으며, 이러한 특정 장소를 중심으로 기술 개발과 혁신이 이루어지고 있다. [㉣]

① ㉠ ② ㉡

③ ㉢ ④ ㉣

약점 보완 해설집 p.20